미국법 시리즈

Criminal Law & Procedure

미국 형법 및 형사소송법

강병진 저

법률신문사

| PREFACE |

이 책은 미국 형법 및 형사소송법(Criminal Law & Procedure)에 대한 전반적인 해설서로서 형법 및 형사소송법의 복잡한 맥락을 이해하기 쉽고 접근하기 쉬운 방식으로 설명하는 데 목적을 두고 있습니다. 그 동안 미국 형법 및 형사소송법을 강의하면서 정리해 두었던 강의안을 정리하여 출판하게 되었습니다. 형법 및 형사소송법에서 다루어지는 법리를 최대한 체계적으로 정리하여 설명하고 적절한 예시를 들어 실제 법적 문제가 있는 사실관계에서 어떤 법률 이론이 적용되고 어떻게 해결되는지를 보여주고자 했습니다.

이 책에서 다루는 형법의 주요 사항은 범죄 요건(elements of crime)에 해당하는 범죄행위(actus reus), 범죄의사(mens rea), 인과관계(causation)와 공범의 책임(liability for accomplice), 기수 전 범죄(inchoate crimes), 범죄 항변사유(defenses for crime), 사람에 대한 범죄(crimes against person), 재산에 대한 범죄(crimes against property)이며, 형사소송법의 주요 사항은 위법수집증거배제 법칙(exclusionary rule), 체포(arrest), 수색 및 압수(search and seizure), 자백(confession), 재판 전 절차(pretrial procedures), 재판(trial), 재판 후 고려사항(post-trial considerations)입니다. 이 책에서는 위의 사항들에 대한 주요 내용을 상세히 다루고, 형법 및 형사소송법에 대한 전반적인 내용을 학습할 수 있도록 하였습니다.

이 책은 미국 형법 및 형사소송법의 기본 내용을 체계적으로 학습하고자 하는 분들을 위한 책입니다. 특히, 미국변호사 자격을 취득하고자 하는 분들은 이 책을 통해 시험에 필요한 형법 및 형사소송법 이론들을 체계적으로 학습할 수 있는 교재로 활용할 수 있을 겁니다. 미국 로스쿨 입학을 앞두고 있는 분들은 형법 및 형사소송법에 대한 기본적인 지식을 얻는 준비서로서 형법 및 형사소송법 용어에 익숙해질 수 있는 기회가 될 것이고, 미국법을 학습하고자 하는 분들은 형법 및 형사소송법에 대한 전반적인 이론을 접하는 학습서로서 활용할 수 있을 겁니다. 이 책에서 법 이론과 관련하여 나오는 예시들은 실제 미국변호사 시험과 유사한 사실관계들이며 중요 판례의 사실관계와 관련되어 있는 것들로 구성되어 있으니 유심히 살펴보기를 권합니다. 또한 본문 중에 소개되는 판례의 요약 내용은 중요한 판례로서 법 이론에 대한 좀더 깊이 있는 이해를 할 수 있는 기회가 될 것입니다.

이 책 내용의 서술은 영어 원문과 한국어 설명을 덧붙이는 방식으로 하였습니다. 영어 원문을 통해서 관련 법리를 이해하고 익히기를 바랍니다. 한국어 설명은 영어 원문의 이해를 돕는 데 활용하실 수 있을 겁니다. 이 책을 통해 미국 형법 및 형사소송법을 학습하는 방법은 본문에 나오는 각 법리들에 대한 영어 원문의 의미를 우선 이해하고 내용에 익숙해지게끔 학습하는 것이 중요합니다. 중요 영어 원문은 박스안에 기재를 해서 식별이 잘 되게끔 하였습니다. 영어 원문의 법 이론에 대한 이해는 한국어 설명을 보면 이해에 도움이 될 것입니다. 한국어 설명에는 이론에 대한 추가 설명과 예시들이 있으니 잘 읽어보기를 권합니다.

법률 용어에 대한 한국어 번역을 할 때 최대한 유사한 용어를 선택하려고 노력했습니다. 그러나 한국어 번역에 잘못이 있거나 부자연스러운 부분이 있을 수 있습니다. 이런 부분은 확인이 되면 고치고 보완하도록 하겠습니다. 한편 미국법상의 법률 용어가 한국법상의 용어나 한국어와 정확하게 일치하지 않는 것이 있고 심지어 한국법상 없는 개념도 있어서 일부 용어는 영어 원문을 그대로 기재하였습니다.

미국법을 공부하거나 미국변호사 시험을 준비하는 이들에게 이 책이 좋은 길잡이가 되길 바라며, 이미 미국법에 대한 이해가 있는 분들에게는 좀더 깊은 지식과 이해의 폭을 제공하는 데 도움이 되기를 희망해 봅니다. 나아가 여러분의 미국법 학습 여정에 있어 이 책과 앞으로 집필해서 출간하는 미국법 책들이 신뢰할 수 있는 동반자가 되기를 바랍니다.

이 책을 출간하는 데 도움을 주신 이수형 법률신문 사장님과 교육팀 및 출판팀 여러분에게 깊은 감사를 드립니다.

CONTENTS

[제1편] 형법 (CRIMINAL LAW)

CONTENTS

[제2편] 형사소송법 (Criminal Procedure)

CRIMINAL LAW & PROCEDURE

미국 형법 및 형사소송법

Criminal Law & Procedure

CRIMINAL LAW

[제1편]

형 법

CRIMINAL LAW

I | 범죄 요건(Elements of Crime)

The elements of a criminal offense consist of the actus reus (guilty act); the mens rea (guilty mind); and causation.

Except for strict liability crimes, which do not require a mens rea, each criminal statute specifies a required actus reus and mens rea. These elements must be proven by the prosecution beyond a reasonable doubt to establish criminal liability.

범죄 행위의 구성 요건은 범죄의사, 범죄행위, 인과관계이다.

범죄의사를 요구하지 않는 엄격책임 범죄를 제외하고는 각 형법은 범죄 성립을 위해 요구되는 범죄의사와 범죄행위를 명시하고 있다. 검사는 합리적 의심이 없도록 범죄의 요건을 증명해야 한다.

A 범죄행위(Actus Reus)

For a crime to occur, there must be a criminal act, known as actus reus. This act must be a voluntary act that leads to a result prohibited by law. Additionally, the requirement for an act can be fulfilled by an omission, a failure to act, when there is a legal duty to take action.

범죄가 성립하기 위해서는 범죄행위가 있어야 한다. 범죄행위는 범죄 성립의 객관적 요건에 해당한다. 법률에 의하여 금지된 결과에 이르게 하는 자발적인 행위(voluntary act)여야 한다. 또 법률상 어떤 의무를 이행하도록 요구되는 경우에는 범죄행위의 요건이 부작위로 성립될 수 있다.

1. 자발적 행위(Voluntary act)

The criminal act must involve a voluntary action. Actions taken while unconscious, asleep, or under hypnosis are not considered voluntary. Likewise, reflexive or convulsive actions, as well as any behavior not consciously decided upon by the individual, are not deemed voluntary for the purposes of constituting a criminal act.

범죄행위는 자발적 행위가 수반되어야 한다. 무의식 중이거나, 잠이 들거나, 최면 상태에서 취해진 행위는 자발적 행위로 보지 않는다. 마찬가지로 반사적이거나 경련에 의한 행위뿐만 아니라 개인이 의식적으로 결정하지 않은 행위도 범죄행위를 위한 자발적 행위로 보지 않는다.

다음의 행위는 자발적인 것으로 간주되지 않는다.

1) 자기의 의지에 의한 결과가 아닌 행위로서, 자신의 선택이나 의도에 의한 것이 아닌 행위이다.

예 A가 B를 밀쳐서 C에게 상해를 입힌 경우, B의 행위는 자발적인 행위(voluntary act)가 아니므로 형사책임을 부담하지 않는다.

2) 간질 발작 중의 움직임과 같은 반사적이거나 경련이 일어나는 행위로서, 이러한 행위는 개인이 통제할 수 없는 비자발적인 반응이다.

그러나 다음의 예는 자발적 행위로 간주되어 형사책임을 부담할 수 있다.

예 간질 환자가 발작이 일어날 가능성이 있는 것을 알면서도 자발적으로 자동차를 운전하다가 운전 중 발작을 일으켜 치명적인 사고를 일으킨 경우, 간질 환자는 이 사고에 대한 형사상 책임이 있다.

3) 무의식이나 수면 중에 일어난 행위이다. 수면 중에 일어난 행위는 몽유병 증세로 수면 중 보행(sleepwalking)하는 것과 행위를 의미한다. 그러나 운전 중 부주의하게 잠이 든 경우는 해당이 되지 않는다.

2. 부작위(Omission)

The requirement for an act may also be met through omission, or failure to act, where there is a legal duty to act.

Omission will constitute a crime only where (i) there is a specific duty to act imposed by law, (ii) the defendant has knowledge of the facts giving rise to the duty, and (iii) it is reasonably possible to carry out the duty.

형법상 행위의 요건은 부작위를 통해서도 충족될 수 있지만, 법률상 행위 의무가 부과되는 조건에서만 충족될 수 있다.

이는 다음과 같은 일정한 기준을 충족하는 경우 부작위가 범죄행위로 간주될 수 있다.

1) 법률에 의해 부과되는 구체적인 행위 의무가 있고,

2) 피고인이 그 의무를 발생시킨 사실을 알고 있고,

3) 그 의무를 수행하는 것이 합리적으로 가능한 경우이다.

The following are five categories when the legal duty to act arises:

1) A duty can arise by statute.
2) A duty can arise by a contract.
3) A duty can arise from the special relationship between individuals.
4) A duty can arise as a result of a voluntary assumption of the duty of care for someone else.
5) A duty can arise if your conduct has put someone in danger.

법적으로 행위를 할 의무가 발생하는 경우는 다음과 같다.

1) 법률에 의하여 의무가 발생하는 경우

예 세법에 따라 세금 신고 의무(duty to file a tax report)가 있는 경우이다.

2) 계약에 의하여 의무가 발생하는 경우

예 인명 구조원, 간호사 또는 베이비시터 등은 계약에 따라 의무가 발생한다.

3) 개인 간의 특별한 관계에서 의무가 발생하는 경우

예 부모는 자녀를 보호할 의무가 있고 배우자는 서로를 보호할 의무가 있다.

4) 자발적으로 다른 사람을 돌보기 위한 의무를 인수하는 경우

예 물에 빠진 사람을 구조하기 위해 자발적으로 구조를 착수한 경우에는 물에 빠진 사람을 합리적인 노력을 해서 구조해야 할 의무가 발생한다. 만일 합리적은 노력(reasonable effort)으로 구조 행위를 하지 않으면 부작위에 의한 범죄가 성립될 수 있다.

5) 다른 사람을 위험에 처하게 한 경우

예 수영을 하지 못하는 사람을 물에 빠뜨리게 한 경우에는 구조할 의무가 발생한다.

B 범죄의사(Mens Rea)

Mens rea refers to the mental state indicating a guilty mind which a defendant must have at the time of committing a crime. This concept is essential for determining guilt in most crimes. However, mens rea is not necessary for strict liability crimes, where legal responsibility is assigned regardless of intent.

범죄의사는 피고인의 범죄가 성립하기 위한 필수 요건으로 범죄 성립의 주관적 요건에 해당한다.

그러나 엄격책임 범죄는 범죄의사가 성립 요건에 해당하지 않으므로 피고인의 범죄의사와 관계없이 범죄가 성립될 수 있다. 엄격책임 범죄를 처벌하는 법률은 전형적으로 공중보건, 안전, 복지에 중대한 위험을 초래하는 행위를 규제하기 위해 적용되는데, 범죄의사에 대한 처벌을 하기보다는 행위를 예방하는 데 중점을 두고 있다.

1. 특정고의 범죄(Specific Intent Crimes)

Specific intent crimes require that the defendant has a particular desire, objective, or awareness to achieve a prohibited result.

In cases involving specific intent crimes, identifying the specific intent is crucial for two main reasons. Firstly, for the prosecution to successfully prosecute the defendant, it must prove that the defendant had the specific intent to commit the crime. Secondly, certain defenses, such as voluntary intoxication and an unreasonable mistake of fact, are only applicable to crimes that require specific intent.

특정고의 범죄는 피고인이 금지된 결과를 달성하기 위한 특정한 욕구, 목적 또는 인식을 가지고 있을 것을 요구한다.

특정고의 범죄와 관련된 사건에서 특정고의를 파악하는 것은 크게 두 가지 이유에서 매우 중요하다. 첫째, 검사가 피고인을 성공적으로 기소하기 위해서는 피고인에게 특정고의가 있었다는 것을 입증해야 한다. 둘째, 자발적 명정(voluntary intoxication), 비합리적 사실의 착오(unreasonable mistake of fact)와 같은 항변사유는 특정고의 범죄에만 적용된다. 즉, 일반고의 범죄나 악의 범죄에는 자발적 명정과 비합리적 사실의 착오가 항변사유로 인정되지 않는다.

특정고의 범죄는 다음과 같다.

1) 1급살인죄(the first-degree murder; premeditated murder)

1급살인은 피고인이 고의적이고 계획적으로 살인을 하는 범죄이다. 따라서 1급살인은 피고인이 고의적이고 계획적인(deliberate and premeditated intent)의사를 가지고 살인의 행위를 하는 것이기 때문에 특정고의 범죄로 분류된다.

보통법(common law)에서의 살인죄는 일급살인죄를 의미하지 않는다. 살인죄를 급(degree)으로 분류하는 것은 제정법(statute)에 따른 구분이다. 일반적으로 제정법상의 2급살인(second-degree murder)이 보통법상의 살인죄와 유사하거나 동일한 것으로 본다. 보통법에서의 살인죄는 특정고의 범죄가 아니고 악의 범죄(malice crime)이다.

2) 기수 전 범죄(Inchoate offenses)

기수 전 범죄에는 교사(solicitation), 공모(conspiracy), 미수(attempt)가 해당하는데, 이러한 기수 전 범죄는 특정고의 범죄에 해당한다.

3) 폭행위협죄(assault with intent to commit a battery)

폭행위협죄는 폭행(battery)를 할려고 하는 특정의사를 가지고 한 폭행위협을 의미하는 것이다.

4) 기타 범죄

그 외 특정고의 범죄에 해당하는 것은 재산과 관련된 범죄들(crimes against property)이다. 여기에는 절도죄(larceny), 강도죄(robbery), 주거침입죄(burglary), 횡령죄(embezzlement), 사취죄(false pretense), 위조죄(forgery)가 있다.

2. 악의 범죄(Malice Crimes)

The crimes of common-law murder and arson require malice, which means a reckless disregard of an obvious or high risk of harm.

In cases of malice, the intent does not need to be explicitly demonstrated; rather, it can be inferred from the completion of the act itself. Malice focuses on the perpetrator's disregard for the risk their actions pose, rather than on a specific intent to achieve a harmful outcome.

보통법상 살인죄와 방화죄는 악의(malice)에 해당하는 범죄이다. 악의는 명백하거나 높은 해악의 위험을 무모하게 무시하는 것을 의미한다.

악의의 경우에는 그 의도가 명시적으로 입증될 필요가 없고, 오히려 행위 자체의 완성에서 추론할 수 있다. 악의는 가해자가 해악의 결과를 얻기 위한 구체적인 의도보다는 피고인의 행위가 가하는 위험에 대한 피고인의 무시에 초점을 두고 있다.

악의 범죄는 보통법상의 살인죄(murder), 2급 살인죄(the second-degree murder), 방화죄(arson)이 있으며, 합리적인 착오(reasonable mistake)는 악의 범죄에 대한 항변사유가 될 수 있다.

3. 일반고의 범죄(General Intent Crimes)

General intent crimes require only the intent to carry out an act that the law deems unlawful. The term general intent refers to the defendant's awareness of all elements that make up the crime. A jury may infer the general intent merely from the defendant's act.

일반고의 범죄(general intent crime)는 불법한 행위를 하려고 하는 의사만을 필요로 한다. 일반고의란 범죄의 구성요건에 대한 피고인의 인식을 말한다. 즉, 일반고의 범죄는 그 행위의 특정한 결과를 반드시 의도하지 않고 그 행위 자체를 실행하려는 의사로 충분하다. 이는 피고인이 특정한 목적이나 특정한 결과를 가져오려는 욕구와 같은 특정의사를 요구하는 특정고의 범죄와 구별된다.

일반고의 범죄로 피고인에게 범죄 책임을 묻기 위해서는, 피고인이 법으로 금지된 방식으로 행동하는 것을 의식하고(conscious) 그 행동에 수반되는 모든 요구조건들을 인식할 필요가 있다. 다만, 그러한 모든 조건들의 존재와 관련하여 피고인이 절대적인 확실성을 갖어야 하는 것은 아니다. 이러한 상황이 발생할 상당한 개연성이 있다는 것을 피고인이 인식하면 충분하다. 이 기준은 해당 상황의 모든 세부 사항에 대한 절대적인 지식을 요구하기보다는, 피고인이 자신의 행동과 잠재적인 결과에 대한 인식(awareness of the defendant's act and the potential consequences)의 중요성을 강조하는 것이다.

일반고의 범죄로는 폭행죄(battery), 강간죄(rape), 납치죄(kidnapping), 감금죄(false imprisonment)가 있다.

고의 이전 법칙(Doctrine of the transferred intent)

Under the doctrine of transferred intent, if a defendant intends to harm one person or object but his act inadvertently causes harm to a different person or object, the defendant can still be held liable for the resulting harm. This principle allows for the defendant's initial harmful intent to be transferred to the actual outcome of their actions, thereby holding them accountable for the unintended consequences of their intended act.

고의 이전 법칙에 따르면 피고인이 어떤 사람 또는 물건에 위해를 가하려고 하였으나 그의 행위가 다른 사람 또는 다른 물건에 위해를 발생시킨 경우에도 피고인은 여전히 결과적인 위해에 대해 책임을 질 수 있게 된다. 이 법칙은 피고인의 최초 위해 의사가 그의 행위의 실제 결과에 이전될 수 있도록 하여 피고인이 의도한 행위의 의도하지 않은 결과에 대한 책임을 물을 수 있도록 한다.

예 푸른색 셔츠를 입은 사람에게 총을 쏴 살해하려 했지만 총알이 빗나가 근처에 있던 다른 사람을 살해하는 경우에는 고의 이전 법칙이 적용될 수 있다. 따라서 푸른색 셔츠를 입은 사람을 살해하려는 피고인의 원래 의도는 피고인의 행위에 따른 실제 피해자에게 이전된다. 이 원칙에 따라 피고인은 의도하지 않은 피해자를 살해한 것과 피고인이 처음에 살해 할려고 했던 의도했던 사람에 대한 법적 책임을 질 수 있다. 따라서 피고인은 실제 피해자에 대한 살인죄(murder)와 처음에 의도했던 피해자에 대한 살인미수죄(attempted murder)에 해당하게 된다.

4. 엄격책임 범죄(Strict liability crimes; No intent crimes)

A strict-liability crime does not require mens rea, meaning that demonstrating the actus reus alone suffices for a conviction. This principle applies primarily to offenses within administrative, regulatory, or morality contexts, such as statutory rape, selling alcohol to minors, and bigamy.

These crimes emphasize ensuring compliance with laws designed to protect public welfare, regardless of the perpetrator's intent. However, when it comes to attempted strict-liability crimes, they are treated as specific intent crimes.

엄격책임 범죄는 범죄의사를 성립요건으로 요구하지 않는다. 따라서 범죄행위만 있으면 엄격책임 범죄는 성립한다. 여기에는 법정강간죄(statutory rape), 미성년자에 대한 술 판매죄(selling alcohol to minors), 중혼죄(bigamy)가 있으며 보통 행정적, 규제적 또는 도덕적 맥락 내의 범죄에 주로 적용된다.

이러한 범죄는 가해자의 의도와 상관없이 공공복리를 보호하기 위해 고안된 법률의 준수를 보장하는 것을 강조한다. 그러나 엄격책임 범죄의 미수범은 특정고의 범죄로 취급된다.

행정적, 규제적, 도덕적 범죄와 같이 일반적으로 엄격책임이 적용되는 범죄에서는 범죄의사를 보여주는 사항은 고려되지 않는다. 또한 이러한 범죄에서는 피고인의 정신상태와 관련된 항변사유는 허용이 되지 않는다.

	Crimes	Defense
Specific Intent	Solicitation, Conspiracy, Attempt, Murder (the first-degree statutory murder) Assault (assault with intent to commit a battery), Larceny, Embezzlement, False Pretenses, Robbery, Burglary, Forgery	Mistake (reasonable or unreasonable)
Malice	Murder (common law murder & the second-degree statutory murder) Arson	Reasonable mistake
General Intent	Battery, Rape, Kidnapping, False imprisonment	Reasonable mistake
Strict Liability	Statutory rape, Selling liquor to minors Bigamy (in some jurisdictions)	No defense

5. 모델형법전(Model Penal Code[1])

The MPC categorizes mens rea into four distinct levels of culpability. The following mental states are defined by the MPC[2]:

1) Purposefully

The actor has the conscious objective to engage in conduct or cause a specific result. This level of mens rea indicates a deliberate intention to achieve the outcome that the law defines as a crime.

2) Knowingly

The actor is aware that their conduct is almost certain to cause a particular outcome. This does not require the actor to desire the result, but he must recognize that it is practically certain to occur as a consequence of his acts.

1) 모델형법전(model penal code; MPC)은 미국법률협회(American Legal Institute)가 작성한 것으로 1962년에 처음 공표되었다. MPC의 공표 이후 많은 주들의 형법전은 중대한 개혁을 거치면서 오늘날까지 많은 주들의 형법전이 MPC에 기반을 두고 있다.

2) MPC § 2.02(2), 미국변호사 시험에서 범죄성립의 주관적 요건인 범죄의사는 일반적으로 보통법상의 분류를 따라야 한다. 만일, 모델형법전을 적용한다 라는 언급이 있다면 이때는 모델형법전의 분류를 따른다.

3) Recklessly

The actor consciously disregards a substantial and unjustifiable risk that the material element of the crime will occur. This level of mens rea is characterized by a gross deviation from the standard of conduct that a law-abiding person would observe in the same situation.

4) Negligently

The actor should be aware of a substantial and unjustifiable risk that the material element of the crime will occur. Negligence in the MPC context involves a failure to perceive a risk that constitutes a gross deviation from the standard of care that a reasonable person would observe.

모델형법전(MPC)은 범죄의사를 네 가지 다른 수준의 책임으로 분류한다.

1) 목적으로(purposely)

행위자가 행위를 하거나 특정한 결과를 야기하고자 하는 의식적인 목적(conscious objective)을 가지고 있는 것이다. 이 범죄의사는 법이 범죄로 규정한 결과를 달성하고자 하는 의도(deliberate intent)를 나타낸다.

2) 알고서(knowingly)

행위자가 자신의 행위가 특정한 결과를 초래할 것이 거의 확실하다는 것을 인식(aware)하는 것이다. 이는 행위자가 결과를 바랄 필요는 없지만, 자신의 행위로 인해 발생하는 것이 실질적으로 확실(practically certain)하다는 것을 알거나 인식하는 것이다.

3) 무모하게(recklessly)

행위자가 범죄의 중요한 요건이 발생할 실질적이고 정당하지 않은 위험(substantial and unjustifiable risk)을 의식적으로 무시(conscious disregard)하는 것이다. 이러한 수준의 범죄의사는 같은 상황에서 준법자가 준수할 행동 기준으로부터 총체적으로 벗어나는 것(gross deviation)을 특징으로 한다.

4) 과실로(negligently)

행위자가 범죄의 중요한 요건이 발생할 실질적이고 정당하지 못한 위험(substantial and unjustifiable risk)을 인식하는 것이다. 이 범죄의사는 합리적인 사람의 주의의무 기준(the standard of care of a reasonable person)으로부터 총체적으로 벗어나는 것(gross deviation)을 의미한다.

C 인과관계(Causation)

In criminal law, causation refers to the element that there must be a link between the defendant's act and the resulting outcome for criminal liability to be established.

Causation in criminal law is generally divided into two main parts: factual causation (cause in fact) and legal causation (proximate cause).

형법에서 인과관계는 범죄 성립 요건의 하나로 피고인의 행위와 그로 인한 결과 사이에 인과적 관계가 있어야 한다는 것을 의미한다. 인과관계는 많은 범죄의 핵심 구성 요소로, 개인이 자신의 행위에 기인한 결과에 대해서만 책임을 지도록 하는 것이다.

형법상 인과관계는 일반적으로 사실적 인과관계와 법적 인과관계 두 가지로 구성되고, 이 두개의 인과관계가 모두 충족되어야 범죄 성립 요건의 인과관계가 충족되게 된다.

1) 사실적 인과관계(cause in fact)

사실적 인과관계는 But-for test를 통해 성립이 된다. 즉, 피고인의 행위가 없었더라면 결과가 발생하지 않았을 것이라는 관계가 성립하면 피고인의 행위는 원고에게 발생한 결과에 대한 사실적 인과관계가 성립하게 된다. 이는 피고인의 행위가 없었더라도 어쨌든 원고에게 결과가 발생했을 것이라는 것을 보여줄 수 있다면, 사실적 의미에서 피고인이 위해를 가했다고 말할 수 없다는 것을 의미한다.

사실적 인과관계는 사람이 다른 사람을 총으로 쏘았을 때와 같이 피고인의 행위가 직접적으로 결과로 이어지고 그 결과로 피해자가 사망한 경우에 간단히 성립을 증명할 수 있게 된다.

2) 법적 인과관계(proximate cause)

법적 인과관계는 피고인의 행위가 법적 책임을 물을 만큼 해악과 밀접하게 연결되어 있는지를 묻는 것이다. 법적 인과관계는 예견가능성 심사(foreseeability test)를 적용한다. 따라서 예견 가능한 관계인 경우에 법적 인과관계가 성립된다.

원고에게 발생한 결과가 피고인의 행위로 인하여 예견 가능한(foreseeable) 결과인지 아니면 너무 멀리 떨어져 있거나 우연한 결과인지를 고려하는 것이다.

Ⅱ | 공범의 책임(Liability for Accomplice)

A 범죄 당사자(Parties to a crime)

Parties to a crime are classified as follows:

1) A principal in the first-degree who is directly committing a crime;
2) A principal in the second-degree who is present, either actually or constructively, at the crime scene and aid, counsel, or encourage the perpetrator in a crime;
3) Accessory before the fact who is not present at the crime scene and aid, counsel, or encourage the perpetrator in a crime; and
4) Accessory after the fact who, with knowledge of the perpetrator's crime, aids or assists a felon in evading apprehension or conviction after the commit of the felony.

Under the majority rule, the parties involved in a crime are categorized as a principal (principal in the first degree), accomplice (principal in the second degree and accessory before the fact), and an accessory after the fact.

범죄 당사자는 다음과 같이 분류된다.

1) 직접 범죄를 저지른 1급 정범(principal in the first-degree);
2) 범죄현장에서 정범의 범죄를 돕는 2급 정범(principal in the second-degree);
3) 범죄현장에 있지 않으면서 정범의 범죄를 돕는 사전 종범(accessory before the fact);
4) 정범이 중범죄를 저지른 것을 알면서 중범죄 실행 후에 중범죄자의 체포나 유죄판결을 면할 수 있도록 돕는 사후 종범(accessory after the fact).

다수의견[3]에 따르면 범죄의 당사자는 정범(1급 정범), 공범(2급 정범과 사전 종범), 사후 종범으로 분류된다.

Common Law	Majority
Principal in the first-degree	Principal
Principal in the second-degree	Accomplice
Accessory before the fact	
Accessory after the fact	Accessory after the fact

B 공범(Accomplice)

An accomplice is a person who aids, counsels, or encourages the principal before or during the commission of the crime, with the specific intent to aid, counsel, or encourage the criminal act.

공범은 범죄를 저지르기 전 또는 범행 중에 정범의 범죄행위를 도울 구체적인 목적을 가지고 정범을 돕는 자이다. 정범의 범행 중에 범죄행위를 도운 2급 정범과 정범이 범죄를 저지르기 전에 돕는 사전 종범의 차이는 정범의 범행 장소에 있느냐의 여부이다.

공범이 정범의 범죄 현장에 실제로 또는 해석상(actually or constructively) 있는 경우에는 2급 정범에 해당한다.

예 범죄 현장에서 어느 정도 떨어진 운전자는 해석상 범죄 현장에 존재하는 것으로 간주되고 2급 정범으로 간주된다.

3) Majority rule과 minority rule은 다수의견과 소수의견으로 부르기로 한다. 국내에서 다수설과 소수설이라는 표현은 통상 다수의 학자가 따르는 학설과 소수의 학자가 따르는 학설로 불려지는 것으로 보이나, 미국법에서 majority rule과 minority rule의 표현은 학자들의 의견을 말한다기 보다 다수 또는 소수의 관할권(jurisdiction)이나 주(state)를 의미한다.

정범이 범죄를 저지르기 전에 정범에게 언어적 격려(verbal encouragement), 경제적 도움(financial assistance) 또는 물리적 도움(physical assistance)을 주기 위한 목적을 가지고 도와준 경우에는 사전 종범에 해당한다.

2급 정범과 사전 종범을 위와 같이 구분은 하지만 두 경우 모두 공범으로 분류한다.

C 책임(Liability)

To convict an accomplice, the prosecutor is required to prove both the necessary actus reus and mens rea. This means proving that the accomplice engaged in conduct that supported the principal's criminal act and possessed the requisite mental state to facilitate the crime at the time of his involvement.

An accomplice is liable for the crime itself and all other foreseeable crimes.

공범을 유죄로 처벌하기 위해서는 검사가 공범의 범죄행위와 범죄의사를 증명해야 한다. 이는 공범이 정범의 범죄행위를 지원하는 행위를 하고, 관여 당시 범죄를 용이하게 할 범죄의사를 보유하고 있었다는 것을 증명하는 것을 의미한다.

공범은 직접 지원한 범죄에 대한 책임을 진다. 공범이 격려하거나 도움을 준 범죄 이외의 다른 범죄를 정범이 저지른 경우 해당 범죄가 공범의 행위로 인하여 예견 가능한 결과이면 그 다른 범죄에 대해서도 공범은 책임을 진다. 이는 범죄행위에 기여한 개인이 그 행위의 결과에 대해 책임을 공유한다는 법리를 반영하여 합리적으로 예측될 수 있었던 추가적인 범죄로 이어지면 해당 범죄에 대한 공범자의 책임이 부과되고 있음을 의미한다.

예 공범이 정범에게 피해자의 집에 불을 지르도록 격려하는 행위를 하고 정범이 피해자의 집에 대한 방화를 하였는데, 불이 번져서 피해자의 이웃인 옆집까지 불에 타 전소된 경우, 공범은 피해자의 방화에 대한 공범이 되고 이웃의 집에 대한 방화에도 공범이 된다.

예 어느 주의 법률에 따라 직접 강간죄를 범할 수 없는 여성이 남성인 정범을 도와 남성이 피해자 여성에 대한 강간죄를 저지르게 한 경우 이 여성은 피해자에 대한 강간의 공범으로 처벌될 수 있다.

범죄현장에 정범과 같이 있다고 해서 공범 책임이 바로 성립하는 것은 아니다. 할 수 있는 것은 아니다. 공범으로 인정되기 위해서는 범죄에 적극적으로 참여하거나 범죄의 실행을 용이하게 하는 조치를 취해야 한다. 이는 범죄의 실행을 돕기 위한 의도적인 도움이나 격려의 증거가 있어야 한다는 것을 의미한다.

정범의 범죄에 대해 알고 있는 것(knowledge)만으로는 공범이 성립하는 것은 아니다. 공범이 성립하기 위해서는 정범의 범죄에 적극적으로 참여하거나 도움을 주는 특정고의(specific intent)가 있어야 하기 때문이다.

금전적 이익을 취하는 것은 공범에 필요한 특정고의가 존재할 수 있다.

예 정범이 방화를 저지를 목적으로 가스를 구입하는 것을 알면서 이 방화범(arsonist)에게 가스를 갤런(gallon) 당 150달러로 굉장히 부풀려진 금액으로 판매하는 것은 정범의 방화에 대한 공범으로서의 특정고의가 있는 것으로 인정이 될 수 있다. 그러한 행동은 자신의 행동을 통해 범죄를 진척시키려는 의도적인 선택을 보여주기 때문에 법원이 의도를 추론하고 그에 따라 공범 책임을 확립하는 데 충분한 근거를 제공할 수 있게 된다.

D 철회(Withdrawal)

To effectively withdraw and thus avoid liability for the substantive crime, an accomplice must fulfill the following requirements:

1) repudiate any prior assistance provided;
2) undertake all possible measures to counteract the effects of any previous aid; and
3) carry out these actions before the events leading to the crime become irreversible and proceed to an inevitable conclusion.

Merely changing one's mind, fleeing from the scene of the crime, being arrested, or deciding to withdraw without informing others involved does not constitute effective withdrawal. For the withdrawal to be legally recognized, it must include timely notification to the legal authorities with the intention of preventing the crime from occurring. This notification must be aimed explicitly at stopping the commission of the crime by others still involved.

공범이 유효하게 자신의 공범 행위를 철회해서 형사 책임을 피하기 위해서는 다음의 요건이 필요하다.

1) 공범이 제공하기로 한 사전 지원을 거부하고,
2) 사전 지원의 결과에 대응하기 위한 가능한 모든 조치를 취하고,
3) 범죄가 돌이킬 수 없이 피할 수 없는 결과에 이르기 전에 이러한 조치를 수행해야 한다.

단지 자신의 마음을 바꾸거나, 범행 현장에서 도주하거나, 체포되거나, 관련자들에게 알리지 않고 철회를 결정하는 것은 유효한 철회에 해당하지 않는다.

Ⅲ | 기수 전 범죄(Inchoate Crimes)

A 소개

The inchoate offenses, which include solicitation, conspiracy, and attempt, are categorized as specific-intent crimes. The term "inchoate" literally means "unripened" or "not fully developed."

Solicitation and attempt are said to merge into the completed crime. Conversely, a conviction for conspiracy does not merge into the conviction for the completed crime.

"Inchoate"이라는 용어는 미숙(unripened) 또는 완전히 발달되지 않은 것(not fully developed)을 의미한다. 법적 맥락에서는 범죄를 저지르기 위한 행위를 의미하지만, 의도한 범죄 자체는 아직 완료되지 않은 것이다.

기수 전 범죄(inchoate crimes)는 특정고의 범죄(specific intent crime)에 해당하며, 여기에는 교사(solicitation), 음모(conspiracy), 미수(attempt)가 해당한다. 특정고의 범죄에 해당되기 위해 의도한 범죄(intended crimes)가 완료되어야 할 필요는 없다.

교사와 미수는 의도한 범죄가 완성되면 완성된 범죄에 병합(merge)된다. 그러나 공모는 교사와 미수와는 달리 병합되지 않고, 독립적인 범죄에 해당한다. 이러한 구별은 범죄를 실행하려는 공동의 의도로 인해 공모죄를 중대한 위협으로 보는 법체계의 관점을 강조하여 범죄의 실제 완성과는 별개로 고려되는 것이다.

B 교사(Solicitation)

1. 소개

Solicitation is asking or encouraging in inducing to commit a crime with intent that the other person commits the crime. The crime of solicitation is competed at the moment the solicitation is made.

교사는 상대방이 범행을 저지르게 할 의도로 상대방에게 권유 또는 범행을 하도록 유도하는 것을 말한다. 교사죄는 상대방이 범행에 동의하는지와 관계없이, 상대방 즉 정범이 궁극적으로 범행을 저지르지 않더라도 교사죄는 성립한다. 교사죄는 결과보다는 그 행위의 이면에 있는 의도(intent)를 강조하면서 누군가에게 범죄를 저지르도록 장려하거나 유도하는 행위에 초점을 맞추고 있다.

청탁을 받은 사람이 범죄를 저지르기로 동의하면 교사자(solicitor)와 피교사자(solicited person)가 모두 공모자(conspirator)로 간주되어 공모(conspiracy)에 해당할 수도 있다.

2. 교사에 대한 항변(Defenses to Solicitation)

a. 철회(withdrawal; renunciation)

Withdrawal or renunciation is not a valid defense against a charge of solicitation.

철회 또는 포기는 교사에 대한 유효한 항변사유가 되지 않는다. 일단 교사 행위가 발생하면, 교사자가 나중에 마음을 바꾸거나 권유를 철회했다고 해서 불법 행위가 무효화되는 것은 아니다. 즉 교사자가 교사 이후 변심과는 상관없이 교사 행위 그 자체로 교사범이 성립된다.

b. 사실적 불능(factual Impossibility)

Factual impossibility does not serve as a defense to solicitation.

사실적 불능(factual impossibility)은 교사된 범죄가 사실상 성공적으로 완성될 수 없었던 상황을 의미하는 것으로서 교사의 항변이 되지 못한다. 범죄의 실행이 현실적으로 이루어졌을 수 있었는지 여부와 관계없이 범죄의 고의와 타인에게 범죄를 저지를 것을 권유하는 행위는 형사 책임으로 충분하다.

c. 면제(exemption)

If a solicitor belongs to a group that was meant to be protected and exempted by the statute, then the solicitor may be exempted from liability for solicitation.

교사자가 법률에 의하여 보호가 되는 그룹에 속하는 경우 해당 교사자는 교사의 책임을 부담하지 않고 면제된다.

예 미성년자를 보호하기 위해 고안된 법정강간죄(statutory rape)에서 성인에게 성행위를 하도록 권유하는 미성년자는 해당 법률이 보호하고자 하는 사람의 범주에 속하기 때문에 법정강간죄의 교사범으로 유죄 판결을 받을 수 없다.

C 공모(Conspiracy)

1. 소개

Conspiracy is defined as an agreement between two or more persons to achieve an unlawful purpose with the intent to achieve that purpose.

The majority rule and MPC stipulate that for a conspiracy to be legally established, there must be the commission of an overt act in furtherance of the conspiracy. At common law, the agreement to commit an unlawful act is sufficient to constitute a conspiracy, with no requirement for an overt act to be committed.

Conspiracy does not merge with the substantive offense that is the object of the conspiracy.

공모란 불법적인 목적을 실현하려는 의도를 가지고 두 명 이상의 자가 합의하는 것을 말한다. 이 범죄는 범죄의 완성 그 자체보다는 범죄를 저지르기 위한 공동의 의도에 초점을 맞추고 있다.

다수의견(majority)과 모델형법전(MPC)은 공모가 성립하기 위해서는 공모를 진척시키는 명시적 행위(overt act)가 있어야 한다고 한다. 이 행위 자체가 불법한 것은 아니더라도 공모의 목적에 대한 진척을 보여주는 어떤 형태의 행위가 이루어져야 한다는 것을 의미한다.

보통법에서는 불법행위를 하기로 합의한 것만으로 공모죄에 해당하고, 명시적 행위를 할 필요는 없다. 이는 당사자 간의 범죄의 고의와 합의만으로도 충분히 범죄가 성립한다는 것을 의미한다.[4)]

유의해야 할 점은 공모는 공모의 목적인 실제의 범죄와 병합되지 않는다는 것이다.

4) 미국변호사 시험에서는 문제에서 다수의 원칙을 적용한다거나 MPC를 적용한다는 내용이 없으면, 보통법을 적용하여야 한다. 반대로 해당 주나 관할권이 다수의 원칙을 적용한다거나 MPC를 적용한다고 하면 공범이 성립하기 위해서는 합의에 추가로 명시적 행위 요건도 있어야 한다.

2. 불법 목적(Unlawful Purpose)

Unlawful purpose of the conspiracy is limited to conduct that is prohibited by criminal law.

공모에서의 불법 목적은 불법이 되는 범죄 행위를 의미한다. 이는 두 명 이상의 공모자의 합의가 해당 관할권에서 공모로 간주되기 위해서는 합의의 목적이 형법에 의해 직접 금지되는 행위를 하는 것이어야 한다.

예 A가 자신의 집에 들어가 자신의 시계를 훔치겠다고 B와 합의한 것은 목적물 자체가 불법하지 않으므로, 공모에 해당하지 않는다. 행위가 공모에 해당하기 위해서는 목적한 목적물이 불법하여야 한다.

그러나 일부 주에서는 공모의 맥락에서 불법 목적을 구성하는 것이 무엇인지에 대해 더 넓은 해석을 채택한다. 이러한 관할권에서 합법적인 목적을 달성하는 것을 목표로 하지만 불법적인 수단을 통한 합의도 공모 혐의의 대상이 될 수 있다.

3. 합의(Agreement)

The agreement between parties to commit an unlawful act does not need to be a formal document or in writing. An oral agreement is sufficient. It can be inferred from their concerted actions, indicating a mutual understanding and intent to achieve the unlawful purpose.

Under common law and the majority rule, the formation of a conspiracy requires the agreement of two or more persons. Certain parties, such as an insane person or undercover police officer, cannot be a member of agreement.

However, the MPC and the minority rule does permit unilateral conspiracy, in which the focus shifts to the individual defendant and his agreement to participate in the conspiracy, regardless of whether the other parties share a genuine intent to commit the crime.

당사자 간의 불법행위의 합의는 서면이나 계약을 통해 공식화될 필요가 없다. 구두 합의로도 충분하다. 나아가 합의는 공모자들 사이에서 명시적으로 진술될 필요가 없다. 이들의 공동 행위를 통해 불법한 목적을 달성하고자 하는 상호 이해와 의도를 추론할 수 있다.

공모는 개인적으로 서로를 알지 못할 수도 있는 여러 개인을 포함할 수 있다. 모든 참가자가 서로 알고 있든 직접적으로 연결되었는지에 관계없이, 그들이 공동의 불법적인 목표를 가진 공유된 계획에 참여하는 것이 본질적인 요소이다. 한 개인이 계획의 다른 단계나 측면에 관여하더라도, 그들의 행동이 전체 목표에 기여한다면 동일한 공모의 일부로 간주될 수 있다.

보통법과 다수의견에서 공모의 성립에는 2인 이상의 합의가 필요하다. 심신장애자나 잠복 경찰관 등 특정 당사자는 공모의 목적에 대하여 진정으로 동의할 수 없거나 진정한 동의 의사가 없어 공모 합의의 유효한 구성원이라고 볼 수 없다. 이러한 자와의 공모는 공모가 성립할 수 없다.

반면에 모델형법전(MPC)과 소수의견은 일방적 공모(unilateral conspiracy) 개념을 도입하고 있는데, 이는 모든 당사자 간의 상호 합의라는 전통적인 요건과는 차이가 있다. 즉 다른 당사자들이 진정한 범죄 의사를 공유하는지 여부와 관계없이 피고인 개인과 그들의 공모참여 동의로 초점이 이동한다. 다른 참가자들이 동의하는 척하고 있거나 합의를 형성할 능력이 없는 경우와 같이 진정한 공모 의사는 피고인 혼자인 경우에도 공모가 성립한다.

이러한 구분은 법적으로 공모할 능력이 없거나 실제로 공모할 의도가 없는 당사자와 합의하더라도 범죄를 저지를 의도로 합의를 체결한 개인의 책임을 해결하기 위한 MPC의 확대된 접근 방식이다.

When a criminal statute is specifically designed to protect a type of person (e.g., a statutory rape statute protects underage females), there cannot be a conspiracy between the protected party and the defendant who is the target of the statute.

형법이 특정 집단의 개인을 보호하기 위해 특별히 고안된 경우(예를 들어, 미성년 여성을 보호하기 위한 법정강간죄), 보호 당사자와 피고인 사이에는 공모가 성립하지 않는다.

4. 특정고의(Specific intent)

Conspiracy is classified as a specific-intent crime, requiring that a conspirator has the intent to agree and the intent to commit the criminal objective. The intent to agree, a crucial component of conspiracy, does not necessarily need to be explicitly stated or documented; it can be inferred from the conduct of the parties. Criminal liability for a conspiracy cannot be based solely on knowledge of the existence of the conspiracy.

공모는 특정고의 범죄이여, 공모자는 합의 의사와 범죄목적을 범할 의사가 있어야 한다. 합의 의사는 당사자의 행위를 통해 유추할 수 있다.

예 방화죄(arson)는 일반고의(general intent)가 있으면 성립하는 일반고의 범죄이지만, 방화죄에 대한 공모는 특정고의를 필요로 하는 특정고의 범죄이다.

예 엄격책임(strict liability) 범죄는 범죄의사가 요구되지 않는 범죄이지만, 엄격책임 범죄에 대한 공모는 특정고의가 필요한 특정고의 범죄이다.

공모죄는 공모의 존재에 대한 지식만으로는 공모에 대한 형사책임에 해당할 수 없다.

예 공모자가 공모의 목적에 따라 상인으로부터 물품을 구매해서 사용하려는 것을 알고 공모자에게 그 물품을 공급한 상인은 단순히 공모자가 범죄를 저지를 것이라는 사실을 알고 있었다는 것만으로는 공모죄에 해당하지 않는다. 상인이 공모자(conspirator)가 되기 위해서는 추가적으로 공모에 요구되는 특정고의를 가지고 있어야 한다. 해당 물품을 일반적으로 판매되는 금액이 아닌 과도하게 높은 가격으로 판매하거나 범죄 실행으로 얻게 되는 이익에서 일정 비율의 이익을 취하기로 하는 경우에는 이러한 특정고의가 있다고 할 수 있다.

5. 명시적 행위(Overt act)

Under common law, an overt act is not required. However, most states and the Model Penal Code (MPC) require an overt act to be committed for a conspiracy to be complete. This means that the crime of conspiracy is not fully constituted until the overt act is performed in furtherance of the conspiracy.

This overt act, which can be either lawful or unlawful, does not have to be a significant action; minor acts like attending a meeting or showing up at place agreed upon for committing a robbery are sufficient. It can be performed by any member of the conspiracy, and it is not necessary for all members to be aware of or involved in the act for it to contribute towards the fulfillment of the conspiracy charge.

보통법상으로는 공모의 성립에 명시적 행위(overt act)를 요구하지 않는다. 그러나 다수의견과 모델형법전(MPC)은 공모가 완성되기 위해서는 명시적 행위를 요구하고 있다. 이는 공모를 진척시키기 위한(in furtherance of) 행위가 더 진행되지 않으면 공모죄가 성립하지 않는 것을 의미한다.

이 명시적 행위는 적법한 것일 수도 있고 불법적인 것일 수도 있다. 중대한 행위일 필요는 없으며, 회의에 참석하거나 강도(robbery)를 하기 위한 합의된 장소에 나타나는 등의 경미한 행위로 충분하다. 이 행위는 구성원 누구나 할 수 있으며, 구성원 모두가 그 행위를 알거나 관여하여 공모 협의의 이행에 기여할 필요는 없다.

6. 공모 책임(Liability for conspiracy)

Each conspirator is liable for the crimes committed by other conspirators if those crimes were committed in furtherance of the conspiracy and were foreseeable, meaning a natural and probable consequence of the conspiracy.

각 공모자는 다른 공모자가 저지른 모든 범죄에 대해 해당 범죄가 공모를 진척시키는 것으로 행하여 지고 예견 가능한 경우에 책임이 있다. 이는 공모의 자연적이고 개연성 있는 범죄에 책임이 있다는 것을 의미한다.

예 State A의 공모자는 State B의 공모자가 저지른 범죄에 대해 그 범죄가 공모를 진척시키는 과정에서 실행되고 예견 가능한 경우에는 책임이 있다.

예 A와 B는 공모하여 불법적인 절도(larceny)를 저지르기로 하였다. 경찰관이 A를 체포하려고 하자 A는 경찰관에게 폭행(battery)을 하여 상해를 입혔다. B는 A의 폭행에 대해 책임이 있다.

7. 사실적 불능(Impossibility)

The defense of factual impossibility, which it was factually impossible to complete the intended crime, is not valid for conspiracy. Conversely, legal impossibility, that the intended act is not criminal in nature, may be a defense if the object of the agreement is not a crime.

의도한 범죄의 완성이 사실상 불가능했던 사실적 불능(factual impossibility) 항변은 공모에 적용되지 않는다. 그러나 의도한 행위가 본질적으로 범죄에 해당하지 않는 법적 불능(legal impossibility)은 합의의 목적물이 범죄가 아닌 경우이기 때문에 항변이 될 수 있다.

8. 철회(Withdrawal)

Withdrawal from a conspiracy is not recognized as a defense at common law because conspiracy is complete as soon as the parties enter into the agreement.

However, under the majority rule, the conspiracy is not deemed complete until an overt act in furtherance of the conspiracy is performed. Thus, before any such act is carried out, an individual can avoid criminal liability for the conspiracy by either notifying the other potential co-conspirators his decision to withdraw or by reporting the plan to law enforcement.

보통법상 철회는 당사자가 합의를 하는 순간 음모가 완성되기 때문에 음모에 대한 항변으로 되지 않는다.

다수의견에 따르면 공모는 명시적 행위가 행하여지기 전에는 성립하지 않는다. 따라서 합의가 이루어진 후에 명시적 행위가 행해지기 전에 다른 잠재적 공모자에게 참여하지 않겠다는 의사를 전달하거나 경찰에게 합의 사실을 알려서 공모에 대한 형사책임을 피할 수 있다. 명시적 행위가 있으면 공모는 성립하고 철회는 더 이상 불가능하다.

To effectively withdraw from the liability for other conspirator's subsequent crimes, a conspirator must undertake the following acts:

1) The conspirator must perform affirmative act that communicates their withdrawal to every other member of the conspiracy;

2) This notification must be given sufficiently in advance to allow the remaining conspirators the opportunity to abandon their plans; and
3) The withdrawing conspirator must attempt to neutralize any assistance he has already provided to the conspiracy.

The conspirator is not required to prevent the crime from occurring to successfully withdraw.

공모자는 다른 공모자의 후속 범죄에 대한 책임에서 효과적으로 철회하기 위하여 다음과 같은 행위를 하여야 한다.

1) 공모자는 자신의 탈퇴 의사를 다른 모든 구성원(co-conspirators)에게 통지하는 적극적인 행위를 하여야 한다.
2) 이 통지는 나머지 공모자들이 계획을 포기할 수 있는 기회를 가질 수 있도록 충분히 사전에 제공되어야 한다.
3) 철회하는 공모자는 이미 공모에 자신이 제공한 모든 지원을 무력화하려고 시도해야 한다.

그러나 성공적인 철회를 하기 위해 범죄가 발생하는 것을 막을 필요까지는 없다.

D 미수(Attempt)

1. 소개

An attempt occurs when someone intends to commit a crime but does not succeed in completing it. Once the crime is fully committed, the attempt merges with the completed crime.

For an attempt to be established, two main components are necessary:

1) There must be a substantial step toward the commission of a crime; and
2) The individual must have a specific intent to commit the crime.

미수는 누군가가 범죄를 저지르려고 하나 그것을 완성하는 데 성공하지 못한 경우에 발생한다. 일단 범죄가 완전히 저질러지면 미수는 범죄에 합병된다.

미수가 성립하기 위해서는 두 가지 요소가 필요하다.

1) 단순한 준비를 넘어 범죄에 대한 실질적 단계(substantial step) 즉 실행의 착수가 있어야 한다.
2) 범죄 결과를 달성하기 위한 특정고의(specific intent)가 있어야 한다.

2. 실질적 단계(Substantial step)

The defendant must have committed an act beyond mere preparation in the direction of the commission of the crime.

피고인이 미수에 대한 책임을 지려면 단순한 준비단계를 넘어서는 행위 즉 범죄 실행의 착수를 하여야 한다. 단순한 준비(mere preparation)의 행위만으로는 미수에 대한 책임이 성립하지 않는다.

일부 주에서는 전통적인 접근 방법인 근접성 심사(proximity test)를 적용한다. 이 심사에 따르면 피고인의 행위가 범죄의 완성을 위한 위험한 근접이 있기 전까지는 미수가 발생하지 않는다.

3. 특정고의(Specific intent)

The defendant must have a specific intent to perform an act or achieve a result, regardless of whether the intended crime is not a specific intent crime.

피고인은 의도된 범죄가 특정고의 범죄가 아니더라도 자신의 행위를 하거나 결과를 얻기 위한 특정고의가 있어야 한다.

예 방화(arson)는 특정고의의 범죄가 아니더라도 방화 미수는 특정고의 범죄가 된다. 엄격책임(strict liability) 범죄의 미수도 특정고의 범죄이다.

4. 불능(Impossibility)

Factual impossibility is not a defense for an attempt charge. However, legal impossibility can be a defense. If the act intended is not a crime, then the defendant is not guilty of an attempt.

사실적 불능(factual impossibility)은 미수에 대한 유효한 항변이 되지 못한다.

예 D는 V가 자고 있다고 믿고 V를 쐈는데, V는 실제로 이미 사망한 상태인 경우이면 D는 여전히 살인 미수에 해당한다.

법적 불능(legal impossibility)은 유효한 방어에 해당할 수 있다. 의도한 행위가 범죄에 해당하는 것이 아니면 피고인에게 미수죄가 성립하지 않는다.

예 마리화나를 합법화하는 법이 3월 1일부터 시행되고, 6월 1일에 불법이라고 착오를 한 D가 6월 1일에 마리화나를 판매한다면, D는 그 행위가 범죄가 아니기 때문에 마리화나 불법 판매 미수죄가 성립하지 않는다.

5. 중지(Abandonment)

Once a defendant has taken a substantial step towards committing a crime, the defendant may not legally abandon the attempt to commit the crime. Upon a substantial step has been completed, abandonment is not possible, and the crime of attempt is considered completed.

피고인이 일단 범죄를 실행하기 위한 실질적인 단계(substantial step)를 밟으면 피고인은 적법하게 범죄 미수를 중지할 수 없다. 실질적인 단계가 완료되면 중지는 불가능하고 미수범은 성립이 된다.

Ⅳ | 범죄 항변사유(Defenses for Crime)

A 정당화사유(Justifications) 및 면책사유(Excuses)

Defenses in criminal law may be classified into justifications and excuses. Justification defenses apply when a defendant's actions, despite being criminal, are deemed socially acceptable under the circumstances. Examples include self-defense and necessity.

Excuse defenses, on the other hand, apply when a defendant's condition or circumstances render them not responsible for their actions, such as in cases of insanity, intoxication, or duress.

This distinction between justification and excuse does not impact the availability or functionality of these defenses in a legal context.

형법상의 항변사유는 정당화사유(justifications)와 와 면책(excuses)으로 구분할 수 있다.

정당화사유는 범죄에 해당함에도 불구하고 피고인의 행위가 사회적으로 용인될 수 있는 상황이라고 판단되는 경우에 적용된다. 그 예로는 정당방위(self-defense)와 긴급피난(necessity)이 있다.

반면, 피고인의 상태나 상황으로 인해 정신이상(insanity), 명정(intoxication), 강요(duress) 등의 행위에 대해 책임을 지지 않는 면책사유(excuse)가 있다.

정당화사유와 면책사유의 구분은 항변사유의 적용 가능성이나 운영에 영향을 미치지 않는다. 즉, 이러한 구분은 법정에서 어떻게 제시되는지 또는 사건의 결과에 어떤 영향을 미치는지에 관해서는 이러한 항변사유의 적용 가능성이나 운영에 직접적인 영향을 미치지 않는다. 두 가지 유형의 항변사유는 성공적으로 입증되면 피고인에게 무죄(acquittal)를 선고할 수 있고 그 근거가 다른 것일 뿐이다.

B 정당방위(Self-Defense)

An individual is justified in using reasonable force against another to prevent immediate unlawful harm to himself. The harm to the defendant must be imminent, indicating a need for immediate action, rather than a threat of future harm.

The force used by the defendant is required to be limited to what is necessary to fend off the attack.

개인은 자신에 대한 즉각적인 불법적인 위력을 방지하기 위하여 타인에게 합리적인 위력을 행사하는 것이 정당화된다. 피고에 대한 위력은 장래의 위력에 대한 위협이 아니라 즉각적인 조치의 필요성을 갖는 것이어야 한다.

피고인이 자신을 방어하기 위하여 사용하는 위력은 자신에 대한 공격을 방어하기 위해 필요한 정도의 위력으로 제한된다.

1. 비치명적 위력(Nondeadly force)

A victim, who is not at fault, is entitled to use nondeadly force in self-defense whenever he reasonably believes that unlawful force is imminent.

잘못이 없는 피해자는 정당방위에 있어서 불법적인 위력이 임박했다고 합리적으로 믿을 때는 치명적이지 않은 위력(non-deadly force)을 사용할 권리가 있다.

불법적인 위력이 자신에게 사용될 것이라고 합리적으로 판단할 때, 책임이 없는 피해자는 자신을 방어하기 위해 치명적이지 않은 위력을 사용할 권리가 있다. 이 원칙은 개인이 임박한 해악으로부터 자신을 보호할 수 있게 하는 법 원칙이다.

비치명적 위력에 대한 정당방위의 요건

1) 잘못 없는 피해자(non-fault victim)

정당방위를 주장하는 개인이 폭력을 확대하는 데 기여하는 방식으로 대립을 조장하거나 행동해서는 안 된다. 정당방위 권리는 주로 자신의 잘못이 없음에도 위협적인 상황에 처한 자신을 보호하기 위한 것이다.

2) 합리적인 믿음(reasonable belief)

피해자에게 불법적인 위력이 사용되려고 한다는 믿음은 합리적이어야 한다. 이는 위협에 대한 피해자의 인식이 같은 상황에 있는 합리적인 사람이 믿는 것과 일치해야 한다는 것을 의미한다. 합리성(reasonableness)의 기준은 사건 발생 당시 나타난 상황을 고려하여 피해자의 입장에서 평가한다.

3) 위협의 임박성(imminence of threat)

위협은 즉각적이거나 임박해야 한다. 정당방위는 과거의 공격에 대응하거나 미래의 공격을 막기 위한 것이 아니라, 즉각적인 위협에 직면했을 때에만 위력을 사용하는 것을 정당화한다.

4) 비치명적 위력(non-deadly force)

비치명적 위력은 사망(death)이나 심각한 신체 상해(serious bodily injury)를 일으킬 가능성이 없는 위력을 말한다. 정당방위에서 비치명적 위력의 사용은 불법적인 위력으로부터 자신을 보호하기 위해 필요한 범위 내에서 허용된다. 정당방위에서 사용되는 위력의 수준은 직면한 위협에 비례해야(proportionate) 한다.

2. 치명적 위력(Deadly force)

Deadly force is a force that is intended or likely to cause death or serious bodily injury. Deadly force may be justified in self-defense only when it is reasonably necessary to prevent death or serious injury.

Deadly force, which is intended or likely to result in death or serious bodily injury, can be justifiably used in self-defense only if it is deemed reasonably necessary to prevent death or severe bodily injury.

치명적 위력(deadly force)은 사망 또는 심각한 신체 상해를 일으킬 가능성이 있는 행위를 말한다. 치명적 위력의 사용은 자신에게 임박한 사망 또는 심각한 신체 상해를 예방하기 위해 합리적으로 필요하다고 믿는 상황에서만 허용된다.

a. 다수의견(Majority rule)

A victim who is not at fault may use deadly force in self-defense at any time the victim reasonably believes that imminent unlawful deadly force is about to be used against him.

과실이 없는 피해자는 자신에게 임박한 불법적인 치명적인 위력이 곧 사용될 것이라고 합리적으로 믿으면 언제든지 정당방위로 치명적 위력을 행사할 수 있다.

b. 회피 원칙(Retreat doctrine; Minority rule)

Under the minority view, there is the duty to retreat if it is possible to do so safely before resorting to deadly force in self-defense.

However, there are exceptions to this requirement.

1) There is no duty to retreat if you are attacked in your own home.
2) There is no duty to retreat for victims of rape, robbery, kidnapping, or burglary, reflecting the principle that one should not be required to retreat when facing serious crimes against their person or property.
3) Law enforcement officers are not required to retreat when making a lawful arrest, recognizing their duty to uphold the law and protect public safety.

소수의견에 따르면, 정당방위에 있어서 치명적 위력에 의존하기 전에 안전하게 피할 수 있는 것이 가능하다면 먼저 회피할 의무(duty to retreat)가 있다고 한다.

그러나 회피 의무에는 다음과 같이 예외가 있다.

1) 자신의 집에서 공격을 받으면 회피할 의무가 없다.
2) 강간(rape), 강도(robbery), 납치(kidnapping), 주거침입(burglary) 등의 피해자에 대하여는 회피 의무가 없다. 이는 자신이나 재산에 대하여 중대한 범죄에 직면한 때에는 회피를 요구하는 것이 적절치 않다는 것을 반영한 것이다.
3) 경찰 등 법 집행자의 법 준수와 공공 안전을 보호할 의무를 인정하여 합법적인 체포를 할 때 후퇴할 의무는 요구되지 않는다.

c. 사인의 치명적 위력 사용(Private person's deadly force)

A private person is allowed to use deadly force to apprehend a fleeing felon under certain conditions:

1) The felon must pose a threat of death or serious bodily harm;
2) Deadly force can only be used if it is necessary to prevent the felon's escape; and
3) It is required that the felon must be actually guilty of the felony.

사인은 특정한 조건하에서 도망치는 중범죄자(felon)를 체포하기 위해 치명적 위력을 사용할 수 있다. 다음과 같은 세 가지 조건의 충족이 필요하다.

1) 중범죄자가 범죄 또는 도주 중에 사망 또는 심각한 신체 상해의 위협을 가해야 한다.
2) 치명적인 위력의 사용은 중범죄자의 탈출을 막기 위해 필요한 경우에만 사용될 수 있다. 중범죄자를 막을 수 있는 더 안전하거나 치명적이지 않은 수단이 없어야 한다.
3) 달아나는 중범죄자가 실제로 유죄가 되는 중범죄를 했어야 한다.

3. 공격자의 정당방위 사용 권리(Aggressor's right to use self-defense)

An individual who initially provokes an altercation can regain the right to self-defense under two specific circumstances:

1) Effective Withdrawal

If the person who started the altercation makes a clear attempt to stop fighting and communicates this intent to the other party, they can claim self-defense if attacked following this withdrawal.

> 2) Sudden Escalation
>
> If the initial altercation was a non-deadly force but the other person unexpectedly intensifies it to a deadly force.

원칙적으로 정당방위 상황을 초래한 최초의 공격자는 정당방위를 사용할 수 없지만, 최초의 공격자가 정당방위를 행사할 수 있는 두 가지 예외적인 상황이 있다.

1) 효과적인 철회(effective withdrawal)

최초의 공격자가 효과적이고 명확하게 공격을 철회한다는 의사를 상대방에게 명확하게 표시하였음에도 공격을 당하는 경우에는 정당방위 사용이 가능하다.

철회는 상대방이 납득할 수 있는 방법으로 명확하게 전달되어야 한다. 이는 공격을 중지하고 해당 상황에서 벗어나려는 의지를 적극적으로 명확하게 보여주어야 하는 것이다.

2) 갑작스러운 위력의 상승(sudden escalation)

공격자가 사용한 위력은 비치명적 위력이었으나, 상대방이 대응하는 위력이 예상치 못하게 사망이나 중상을 발생시킬 수 있는 치명적 위력인 경우 최초의 공격자는 이에 대하여 정당방위를 사용할 수 있다.

법적 근거는 위력의 불균형적인 증가(disproportionate escalation)에 있다. 비록 최초의 공격자가 공격을 먼저 가했다 하더라도 공격자의 위력은 비치명적(non-deadly force)이었는데 공격자의 공격을 방어하는 상대방의 공격이 치명적 위력(deadly force)이어서 최초 공격자가 치명적 위력에 직면하는 경우에는 정당방위 사용을 허용해 주는 것이다.

4. 불완전 정당방위(Imperfect self-defense)

Imperfect self-defense applies when an individual claiming self-defense kills someone in a manner that isn't fully justified, leading to a reduction in charges from murder to voluntary manslaughter. This rule is invoked in situations where the requirements for fully justified (perfect) self-defense are not met.

불완전 정당방위는 정당방위를 주장하는 개인이 완전히는 정당하지 않은 방법으로 타인을 살해하는 경우에 적용되는 것이며, 살인죄(murder)에서 자발적 비악의살인죄(voluntary manslaughter)로 혐의가 축소된다.

예 피고인이 정당방위를 사용할 상황이라는 것에 대한 믿음이 합리적이지는 않았지만(unreasonably) 은 솔직하였다면(honest) 불완전 정당방위에 해당한다.

C 타인 방위(Defense of Others)

A person has the right to defend others under circumstances in which self-defense is justified. Defense of others is not limited to defending family members but extends to anyone the defendant reasonably believes that the person being defended is entitled to self-defense.

일정한 상황에서는 타인을 방어할 권리도 있다. 보호하고자 하는 타인이 정당방위가 적용되는 상황이어야 한다. 타인 방어는 가족 구성원을 방어하는 것에 국한되지 않고 방어를 받는 사람이 정당방위를 받을 권리가 있다고 합리적으로 믿는 모든 사람에게 적용된다.

D 재산 방어(Defense of Property)

A person with lawful possession of property may use reasonable, nondeadly force to protect that property if it's under immediate threat and there's no opportunity to seek help from law enforcement. The use of force is justified if the defender reasonably believes that there's an imminent risk of unlawful trespass for real property or that personal property is at risk of being taken away, and that force is necessary to prevent such actions.

The use of mechanical devices to protect property with deadly force is prohibited.

재산을 합법적으로 점유하고 있는 자는 자신의 재산이 즉각적인 위협을 받고 있고 법 집행의 도움을 받을 기회가 없는 경우 그 재산을 보호하기 위해 합리적이고 치명적이지 않은 위력(non-deadly force)을 사용할 수 있다. 재산의 보호를 위해 방어하는 자가 자신의 부동산에 대한 불법 침입이 임박한 위험이 있거나 동산이 빼앗길 위험이 있다고 합리적으로 믿고 그러한 행위를 방지하기 위해 필요하다고 믿는 위력을 사용하는 경우 위력 사용이 정당화된다.

재산을 보호하기 위해서 치명적 위력을 사용할 권리는 없다. 여기에는 예외가 있는데, 사람이 거주하는 집에서 일어나는 중범죄, 방화(arson), 주거침입(burglary), 강도(robbery)를 막기 위해서 하는 치명적 위력 행사는 가능하다.

치명적 위력으로 재산을 보호하기 위한 기계적 장치(예: spring gun, booby traps)의 사용은 금지된다.

E 긴급피난(Necessity)

If forces of nature lead the defendant to commit a crime, this action might be justified due to necessity. The legal system favors the defendant choosing the lesser of two evils over the greater one when confronted with such a choice.

폭풍이나 화재와 같은 자연의 힘이 피고인으로 하여금 범죄를 저지르게 한 경우, 피고인은 긴급피난(necessity)에 따라 범죄를 저지른 것이 정당화될 수 있다. 법은 피고인이 두 개의 악에 직면했을 때, 더 적은 악을 선택함으로써 더 큰 악을 피하는 것을 선호한다.

긴급피난 항변은 악의 선택 항변(the choice of evils defense)으로도 불린다. 이 항변은 자연력이나 다른 압력에 의해 야기되는 더 중대한 위협이나 해악을 피하기 위해 행해진다면 예외적인 상황에서 법을 위반하는 것이 정당화될 수 있음을 인정한다. 긴급피난 항변은 해악을 피하기 위한 법적 선택권이 존재하지 않는 심각한 상황에서 개인이 두 개의 악 중 더 적은 것을 선택할 수 있도록 허용해야 한다는 원칙에 기초하고 있다.

예 화재의 확산을 방지하기 위하여 집을 파괴하는 경우. 이 예는 긴급피난의 전형적인 예에 해당한다. 정상적인 상황이라면 범죄에 해당할 수 있지만, 화재로 인한 더 큰 해악이 확산되어 더 광범위한 피해나 인명피해를 야기하는 것을 피하기 위하여 집을 파괴한 것이어서 긴급피난에 따라 정당화될 수 있다.

F 동의(Consent)

Generally, consent of the victim is not a defense to a crime unless it negates a required element of the crime. This consent must be given freely and voluntarily, without any fraud, and by someone who is legally capable of consenting.

Consent may negate an element of the offense in the several instances:

1) Consent is a defense to rape, except when the woman is a minor, because rape is defined as sexual intercourse without consent.
2) Consent is a defense to kidnapping when an adult consents to accompany the defendant, but this does not apply if the individual is a minor.
3) Consent is a defense in cases of battery related to medical treatment when the patient has consented to the procedure.

일반적으로 피해자의 동의는 동의가 범죄의 필수 요건에 해당하는 요소를 없애는 것이 아닌 한 항변사유가 되지 않는다.

항변사유가 되는 동의는 자발적이고 자유롭게 주어져야 하며, 사기를 수반하지 않으며, 동의할 능력이 있는 사람에 의해 주어져야 한다.

동의는 다음과 같은 몇 가지 경우에 범죄의 필수 요건을 없앨 수 있다.

1) 동의는 여성이 미성년자인 경우를 제외하고는 강간(rape)에 대한 항변사유가 된다. 강간은 동의가 없는 성관계이기 때문이다. 여성이 미성년자이면 동의와 관계없이 법정강간죄(statutory rape)에 해당한다.
2) 동의는 성인이 피고인과 동행하기로 동의한 경우 납치(kidnapping)에 대한 항변사유가 된다. 그러나 개인이 미성년자인 경우에는 적용되지 않는다.
3) 동의는 환자가 의료 시술에 동의한 경우 진료와 관련된 폭행(battery)의 경우에 항변사유가 된다.

G 정신이상(Insanity)

1. 소개

The insanity defense provides an exemption for certain defendants due to the existence of an abnormal mental condition at the time the crime was committed. Insanity refers to mental abnormalities that may affect a person's legal responsibility. It is a legal term rather than a psychiatric term.

There are four tests for determining insanity: the M'Naghten test, the Durham test, the irresistible-impulse test, and the Model Penal Code test.

정신이상 항변은 범행 당시 비정상적인 정신 상태의 존재로 인하여 특정 피고인에게 면책을 제공한다. 정신이상이란 사람의 법적 책임에 영향을 미칠 수 있는 정신적 이상을 말한다. 이는 정신의학적 용어가 아닌 법적 용어이다.

유효한 정신이상 항변을 심사에는 다음과 같은 심사기준이 있다. 맥너튼 심사(the M'Naghten test), 더럼 심사(the Durham test), 충동억제불능 심사(the irresistible-impulse test), 모델형법 심사(the Model Penal Code test).

2. 맥너튼 심사(M'Naghten test)

Under the M'Naghten test, a defendant can be acquittal if he has a mental disease that caused a reasoning defect, such that the defendant lacked the ability at the time of his actions to either 1) know the wrongfulness of his action or 2) understand the nature and quality of his action. If, at the time of the crime, the defendant has the lack of ability to know the wrongfulness of his action or understand the nature and quality of his action, the defendant may use this as a defense.

맥너튼 심사에 따르면, 피고인이 정신질환(mental disease)이 있어서1) 자신의 행위의 부당성을 알거나 2) 자신의 행위의 본질과 성질을 이해하는 데 능력을 상실한 경우 무죄가 될 수 있다. 범죄 행위의 실행 당시 피고인이 자신의 행위의 부당성을 알거나 행위의 본질과 질을 알 수 있는 능력이 없는 경우, 피고인은 이를 항변사유로 이용할 수 있다. 맥너튼 심사가 다수의견(majority)에 해당한다.

3. 더럼 심사(Durham test)

> Under the Durham test, a defendant can be found not guilty if the unlawful act was a result of the defendant's mental disease or defect and would not have been committed but for the disease or defect. This test is known as the "but-for" test.

더럼 심사에 따르면, 만일 그 불법 행위가 피고인의 정신질환 또는 결함의 결과이고, 그 정신질환 또는 결함이 없었더라면 피고인이 그러한 행위를 하지 않았다면 무죄가 될 수 있다. 더럼 심사는 "but-for" test라고도 한다.

4. 충동억제불능 심사(Irresistible impulse test)

> Under the irresistible-impulse test, a defendant is considered not guilty if, due to a mental disease or defect, he is incapable of self-control and free choice, preventing him from conforming his conduct to the law. This inability to control impulses does not need to be sudden; it refers to an impulse that the defendant is unable to resist.

충동억제불능 심사에 따르면, 피고인이 정신질환이나 결함으로 인해 자기 통제와 자유로운 선택이 불가능하여 자신의 행동을 법에 맞게 하지 못한 경우 무죄가 될 수 있다는 것이다. 이 충동억제불능은 갑자기 일어날 필요가 없으며, 피고인이 충동을 거부할 수 없는 것을 말한다.

5. 모델형법 심사(Model Penal Code test[5])

> A person is not responsible for criminal conduct if, at the time of such conduct as a result of mental disease or defect, he lacks substantial capacity either to appreciate the criminality [wrongfulness] of his conduct or to conform his conduct to the requirements of law. The terms "mental disease or defect" do not include an abnormality manifested only by repeated criminal or otherwise anti-social conduct.

모델형법 심사에 따르면, 정신질환이나 결함으로 인하여 그러한 행위를 할 당시에 그 행위의 범죄성을 인식하거나 그 행위를 법률의 요건에 부합시킬 수 있는 실질적인 능력이 부족한 경우에는 범죄행위에 책임을 지지 않는다. 정신질환 또는 결함이라는 용어는 단지 반복적인 범죄행위 또는 그 밖의 반사회적 행위에 의해서 나타난 것을 포함하지 않는다.

모델 형법 심사는 맥너튼 심사와 충동억제불능 심사를 결합한 것이라고도 한다.

5) MPC § 4.01.

H 명정(Intoxication)

Intoxication can be caused by various substances including alcohol, drugs, or prescription medicine. There are two types of intoxication defenses: voluntary intoxication and involuntary intoxication.

Voluntary intoxication is the intentional taking of a substance known to have intoxicating effects, regardless of whether the individual intended to become intoxicated.

Involuntary intoxication can be a defense if it negates an essential element of the offense, applicable to both specific-intent crimes and those requiring general intent or malice.

명정은 여러 물질(예 알코올, 약물 또는 처방약)에 의해 발생할 수 있다. 명정에 의한 항변은 비자발적 명정과 자발적 명정으로 구분된다.

1. 비자발적 명정(Involuntary intoxication)

For intoxication to be considered involuntary, the intoxicating substance must have been taken either 1) without knowledge of the intoxicating nature of the substance, including substances taken based on medical advice; or 2) under duress.

Involuntary intoxication can be seen as a form of insanity and, similarly to insanity, it is an affirmative defense to all types of crimes, including even the crimes of strict liability. Although intoxication and insanity are two separate defenses, excessive consumption of alcohol or drugs can lead to actual insanity.

비자발적 명정(involuntary intoxication)이 되는 경우는 첫째, 피고인이 명정 상태에 이르게 하는 물질인 것을 알지 못한 경우이다. 의사의 처방으로 섭취하게 된 경우도 포함된다. 둘째, 강요(duress)에 의하여 명정 상태가 되는 물질을 섭취한 경우이다.

비자발적 명정은 정신이상의 한 형태이며, 정신이상과 마찬가지로 비자발적 명정은 엄격책임 범죄를 포함한 모든 범죄에 대한 항변사유가 된다. 비록 비자발적 명정과 정신이상이 별개의 항변사유이기는 하지만 과도한 음주와 약물사용은 실제로 정신이상을 야기할 수도 있다.

2. 자발적 명정(Voluntary intoxication)

Voluntary intoxication occurs when a defendant intentionally consumes a substance known to have intoxicating effects, without duress of a substance known to be intoxicating.

Voluntary intoxication is a defense only to specific intent crimes. However, this defense is invalid if the defendant intentionally becomes intoxicated to establish the defense, akin to willfully committing "actio libera in causa".

자발적 명정은 피고인이 명정 효과가 있는 것으로 알려진 물질을 스스로 섭취한 경우로서, 강요에 의한 섭취가 없는 경우이다.

자발적 명정은 특정고의 범죄에 대해서만 항변사유가 된다. 그러나 피고인이 고의로 명정 상태를 만든 경우에는 항변사유가 되지 않는다. 이는 피고인이 범죄를 저지르기 전 의도적으로 스스로 명정 상태에 놓이게 한 것으로 피고인의 책임을 감경시키려고 하거나 고의가 없음을 주장하지 못하게 하는 것이다.

예 술을 많이 마신 후, A는 자신의 집인 줄 알고 B의 집으로 들어갔고, B의 집에 들어온 A는 B를 보고 B를 폭행하였다. A는 주거침입죄(burglary)와 폭행죄(battery) 여부가 문제될 수 있는데, 주거침입죄는 특정고의 범죄여서 A의 자발적 명정은 항변사유가 되어 주거침입죄로 처벌되지 않을 수 있지만, 폭행죄의 경우에는 일반고의 범죄이므로 자발적 명정은 항변사유가 안되어 폭행죄는 해당할 수 있다.

I 강요(Duress)

A person is not guilty of an offense if he commits an act that would otherwise be criminal due to being threatened with immediate death or severe bodily harm to him or his family, provided his perception of the threat is reasonable.

Duress does not serve as a defense for intentional murder. However, a defendant facing charges of felony murder can use duress as a defense for the underlying felony, thereby potentially avoiding a felony murder conviction.

범죄를 저지른 자가 자신 또는 가족에 대한 즉시의 사망의 위협이 있거나 심각한 신체 상해를 입게 될 수 있는 위협을 받아서 행위를 한 경우 강요의 항변이 가능하다. 다만, 위협에 대한 인식이 합리적이었어야 한다.

강요는 고의적 살인죄에 대해서는 항변이 되지 않는다. 그러나 중범죄 살인죄(felony murder) 혐의에 직면한 피고인은 강요를 중범죄 살인죄의 기초가 되는 중범죄에 대한 항변으로 사용하여 잠재적으로 중범죄 살인 유죄 판결을 피할 수가 있다.

J 미성년자(Infancy)

Under common law, children under the age of 7 cannot be held criminally liable for their actions. For children under the age of 14, there's a rebuttable presumption that they cannot comprehend the wrongfulness of their actions, although this presumption can be challenged. However, once a child reaches the age of 14, they can be charged and tried as an adult for criminal acts.

보통법상 7세 미만의 미성년자는 자신의 행위에 대해 형사 책임이 없다. 14세 미만의 미성년자에 대해서는 형사 책임이 없는 것으로 보는 반박가능한 추정(rebuttable presumption)이 있다. 반박가능한 추정이기 때문에 이 추정은 상황에 따라 반박이 되어 추정이 깨질 수 있다. 그러나 미성년자가 14세가 되면 범죄 행위로 기소되어 성인과 같이 재판을 받을 수 있다.

K 함정수사(Entrapment)

Entrapment occurs when a law enforcement agent induces a person to commit a crime they would not have likely committed on their own, involving the officer's formulation of the crime and enticing its commission through deceit, persuasion, or fraud.

If a law officer simply presents an opportunity to someone already inclined to commit a crime, this does not constitute entrapment. The crucial factor is the absence of any initial intent by the defendant to commit the offense. Entrapment may involve an undercover agent but cannot be claimed if induced by a private citizen.

Under the majority rule and the U.S. Supreme Court, entrapment occurs if (1) the act was induced by a government official or agent, and (2) the defendant was not already predisposed to commit the crime.

함정수사는 경찰관이 어떤 사람에게 스스로 범하지 않았을 것으로 예상되는 범죄를 저지르도록 야기하는 것으로, 경찰관이 범죄를 공식화하고 속임수, 설득 또는 사기를 통해 범죄를 저지르도록 야기하는 것이다.

경찰관이 이미 범죄를 저지를 의사가 있는 사람(already-predisposed person)에게 기회를 제공했을 뿐이라면, 이것은 함정수사에 해당하지 않는다. 중요한 요소는 피고인이 범죄를 저지를 의사가 전혀 없었다는 것이다. 함정수사에는 잠복 요원에 의해서 이루어질 수 있지만, 일반 시민이 야기한 경우에는 주장될 수 없다.

다수 의견과 미연방대법원에 따르면, (1) 범죄행위가 정부 공무원이나 대리인에 의해 야기된 것이고, (2) 피고인이 이미 범죄를 실행할려고 하는 의도가 없었던 경우에 함정수사 항변이 발생하는 것이다. 그러나 만일 피고인이 범행을 저지를 의사가 이미 있었던 경우에는 정부 대리인이 밀수품을 납품하는 등의 위법행위를 한 경우에도 함정수사 항변은 불가능하다.

Hampton v. United States[6)]

United States Supreme Court (1976)

Facts:
Hampton (defendant) informed someone he knew where to get heroin and was looking for a buyer to earn money. Unknown to Hampton, this person was an informant for the Drug Enforcement Administration (DEA). The informant suggested he could find a buyer for Hampton's heroin, setting up a meeting with an undercover DEA agent. Hampton sold heroin to this agent twice before being arrested. At his trial, Hampton argued he hadn't knowingly sold heroin, claiming the DEA informant supplied all the drugs he sold to the undercover agents. He requested a special jury instruction on the defense of entrapment, which the court denied. After being convicted by a jury, Hampton appealed and the court of appeals affirmed the judgment of conviction. Hampton petitioned the United States Supreme Court for review.

Holding:
A criminal defendant cannot claim entrapment as a defense for illegal drug sales if the drugs were supplied by a government informant. Hampton sought a jury instruction suggesting entrapment without considering his predisposition to commit the crime, based on government-provided drugs. This instruction was correctly denied by the district court, aligning with United States v. Russell, which emphasized that entrapment defense centers on the defendant's predisposition, not on government agent conduct. Despite the distinction between Hampton's case, where the government supplied the drugs, and Russell's, where an ingredient was provided, both instances hinged on jury-found predisposition. The depth of government involvement varies, yet the core entrapment inquiry remains unchanged. Entrapment defense, hence, is inapplicable to predisposed individuals like Hampton. Due process issues arise only when government actions infringe the defendant's rights directly. Illegal actions by law enforcement agents facilitating a crime do not breach the defendant's rights but suggest prosecuting the agents under relevant laws. The judgment of conviction is affirmed.

6) Hampton v. United States, 425 U.S. 484 (1976) 판례 내용 중 관련된 부분을 간략히 요약함.

L 착오(Mistake)

1. 사실의 착오(Mistake of Fact)

A mistake of fact can serve as a defense only when it negates the intention required for the crime.

To serve as a defense for a general intent crime or a malice crime, the mistake of fact must be reasonable. For a specific intent crime, a mistake of fact can be a defense even if the mistake is unreasonable. Mistake of fact is not a defense for strict-liability crimes, as these crimes do not require mens rea.

사실의 착오는 범죄에 필요한 고의를 없애는 경우에만 항변사유가 될 수 있다.

일반고의 범죄 또는 악의 범죄의 항변이 되기 위해서는 사실의 착오가 합리적이어야 한다. 특정고의 범죄에 대해서는 사실의 착오가 합리적이지 않더라도 항변이 될 수 있다. 엄격책임 범죄의 경우에는 범죄의사가 필요 없기 때문에 사실의 착오는 항변사유가 되지 않는다.

예 피고인이 테이블에 있는 시계가 자신의 시계인 줄 착각하고 가져가는 경우, 피고인이 시계를 가져 간 것이 비합리적(unreasonable)이라 할지라도 피고인은 특정고의 범죄인 절도죄(larceny)의 고의가 없게 되어 사실의 착오는 이 경우 항변사유가 되어 피고인은 절도죄로 처벌이 되지 않는다.

2. 법률의 착오(Mistake of Law)

Ignorance or mistake regarding the criminal law's prohibition of certain acts is not a defense to a crime, even if such ignorance or mistake is reasonable.

However, when the mental state necessary for a crime involves a specific belief about a collateral aspect of the law, ignorance or mistake regarding that legal aspect can negate the required mental state:

1) If the law criminalizing the conduct was not published or made reasonably available before the action was taken;
2) If the defendant acted based on a reasonable belief in the legality of their actions due to a statute or judicial decision;
3) If the defendant reasonably relied on an official interpretation or advice regarding the legality of their actions.

a. 일반원칙

형법이 금지하는 행위에 대한 무지나 착오는 범죄에 대한 항변사유가 되지 않는다. 설사 그러한 무지나 착오가 합리적이었다 하더라도 항변사유가 되지 않는다.

b. 예외

범죄에 필요한 정신 상태가 법의 부수적인 측면에 대한 특정한 믿음을 포함할 때는 그 법적 측면에 대한 무지 또는 실수는 필요한 정신 상태를 없앨 수 있다. 즉 이런 경우에는 항변사유가 될 수 있다.

1) 피고인의 행위를 범죄화하는 법률이 공표되지 아니하였거나 그 행위가 행해지기 전에 합리적으로 알 수가 없었던 경우

2) 피고인이 법률 또는 법원의 결정으로 인하여 자신의 행위의 적법성에 대하여 합리적인 믿음을 가지고 행위를 한 경우

3) 피고인이 자신의 행위의 적법성에 관한 공식적인 해석이나 조언에 합리적으로 의존한 경우

V | 사람에 대한 범죄(Crimes Against Person)

A 폭행죄(Battery)

Battery is an unlawful application of force to the person of another resulting in either bodily injury or offensive contact. Battery is a general intent crime, not a specific intent crime.

The force doesn't have to be direct; it can be through someone else's actions under the defendant's direction or by an object controlled by the defendant, like making a dog attack someone or causing the victim to take poison.

폭행죄는 타인(the person of another)에게 신체 상해 또는 공격적인 접촉을 하는 불법적인 위력을 행사하는 경우에 성립한다. 폭행죄는 특정고의 범죄가 아니라 일반고의 범죄에 해당한다.

위력의 행사는 직접적으로 가해질 필요는 없다. 피고의 지시에 따라 행동하는 제3자에 의해 가해질 수도 있고, 피고인이 조종하는 물건에 의해 가해질 수도 있다. 개로 하여금 원고를 공격하게 하거나 피해자로 하여금 독극물을 복용하게 함으로써 폭행죄가 성립될 수 있다.

동의(consent)가 일반적으로 범죄에 대한 항변은 아니지만, 폭행죄에 대해서는 동의가 항변사유가 될 수 있다.

폭행죄는 심각한 신체 상해(serious bodily injury)를 입거나 치명적인 무기(deadly weapon) 사용으로 인해 신체 상해가 발생한 경우 법률(statute)에 의해 더 큰 처벌이 부과될 수 있다.

B 폭행위협죄(Assault)

Assault is either an attempt to commit a battery or an action that intentionally placing another in apprehension of imminent bodily harm. For it to be considered assault, there must not be any physical contact with the victim. Actual physical contact or touching means the crime is battery, not assault.

폭행위협죄는 폭행죄를 저지르려고 시도하는 것이나 또는 고의적으로 신체 상해를 입힐 것처럼 피해자로 하여금 인식하게 하는 것이다. 폭행위협은 피해자와의 접촉이 없을 것을 요구한다. 피해자와 실제 접촉이 있었다면, 그것은 폭행죄에 해당하며 폭행위협죄는 해당하지 않는다.

1. 위협으로서의 폭행위협죄(Assault as a threat)

Assault as a threat is a general intent crime. It is required that the defendant intends to cause bodily harm or apprehension of such harm. The victim's apprehension must be reasonable. In contrast to attempted battery, because actual apprehension is necessary, the victim's lack of awareness of the threat of harm is a defense to this type of assault.

위협으로서의 폭행위협죄는 일반고의 범죄이다. 피고인은 신체상의 위해 또는 그러한 위해에 대한 염려(apprehension)를 의도하여야 한다. 피해자의 염려는 합리적이어야 한다.

예 피고인이 피해자에게 신체 상해가 임박하게 할 두려움을 주려고 의도하였으나, 피해자에게 실제 접촉(contact)이 있는 경우에는 폭행위협죄가 아닌 폭행죄(battery)에 해당한다.

2. 폭행 미수로서의 폭행위협죄(Assault as an attempted battery)

Assault as an attempted battery is classified as a specific intent crime. The defendant must take a substantial step toward the commission of a battery. Like all attempt crimes, the defendant is required to have the specific intent to commit a battery.

폭행 미수로서의 폭행위협죄는 특정고의 범죄이다. 피고인은 폭행죄를 저지르는 데에 대한 실질적 단계(substantial step)를 취해야 한다. 모든 미수범과 마찬가지로 피고인은 폭행죄에 대한 특정고의가 있어야 한다.

C 살인에 관한 죄(Homicide)

1. 소개

Homicide encompasses the crimes of murder and manslaughter. Historically, common law categorized homicide into three distinct types: 1) criminal homicide, 2) legally justified homicide, and 3) excusable homicide.

Criminal homicides were further divided into murder, voluntary manslaughter, and involuntary manslaughter.

For an act to be classified as homicide, the victim must be a human being. Under common law, murder (commonly referred to as second-degree murder in statute) is considered a malice crime.

In the context of malice crimes like murder, defenses that are specifically applicable to specific intent crimes, such as voluntary intoxication or any mistake of fact (whether reasonable or unreasonable), are not available.

살인에 관한 죄는 살인죄(murder)와 비악의살인죄(manslaughter)를 포함한다. 역사적으로 보통법은 살인에 관한 죄를 1) 형사 살인, 2) 법적으로 정당한 살인, 3) 책임이 없는 살인죄의 세 가지 유형으로 구분했다. 형사 살인죄는 살인죄(murder), 자발적 비악의살인죄(voluntary manslaughter), 비자발적 비악의살인죄(involuntary manslaughter)로 분류된다.

어떠한 행위가 살인죄로 분류되기 위해서는 피해자가 사람이어야 한다. 보통법상 살인죄는 악의 범죄이다. 일반적으로 제정법(statute)상 2급 살인이 보통법상 살인죄(murder)에 해당한다.

살인죄(murder)는 악의 범죄이므로 특정고의 범죄의 항변사유가 되는 자발적 명정 또는 사실의 착오(합리적이든 비합리적이든)는 항변사유가 되지 않는다.

2. 살인죄(Murder)

Common law murder is the unlawful killing of another living human being with malice aforethought. Malice aforethought can be found under:

1) intent to kill;
2) intent to inflict serious bodily injury;
3) reckless indifference to an unjustifiably high risk to human life (also known as highly reckless murder, depraved heart murder, or abandoned and malignant heart murder); or
4) intent to commit a felony (felony murder).

Of these categories, only the first involves a direct intention to cause death. The other categories encompass scenarios where death results from behaviors not primarily aimed at killing but are considered equally culpable under the law due to their dangerous nature or the felonious context in which they occur.

First-degree murder is classified as a specific intent crime, meaning the perpetrator must have a deliberate and premeditated intention to kill.

보통법상 살인죄(common law murder)는 살아있는 사람을 계획적 악의(malice aforethought)를 가지고 불법적으로 살해하는 것이다. 계획적 악의는 다음의 각 경우에 인정된다.

1) 살인의 고의

2) 심각한 신체 상해를 가하려는 고의

3) 인간의 생명에 대한 부당하게 높은 위험에 대한 무모한 무관심

4) 중범죄를 저지르는 고의(중범죄 살인죄)

위의 분류 중 첫 번째에 해당하는 살인의 고의 만이 죽음을 직접적으로 유발하려는 의도를 가지고 있는 것이다. 다른 범주에 해당하는 것들은 살인을 목적으로 하는 것이 아니라 위험한 성격이나 발생하는 중한 상황으로 인해 법에 따라 동일하게 책임이 있다고 간주되는 것이다.

1급 살인죄는 특정고의 범죄로 분류된다. 가해자에게 고의적이고 계획적인 살인의 고의가 있어야 함을 의미한다. 1급 살인죄는 보통법상의 살인죄는 아니며, 제정법(statute)에서 규정하고 있는 것이다.

3. 비악의살인죄(Manslaughter)

a. 소개

Manslaughter is classified as voluntary manslaughter and involuntary manslaughter. Voluntary manslaughter involves an intentional act of killing under circumstances that lessen but don't excuse the act. In contrast, involuntary manslaughter involves an unintentional killing resulting from reckless or negligent behavior.

비악의살인죄는 자발적 비악의살인죄와 비자발적 비악의살인죄로 분류된다. 자발적 비악의살인죄는 고의적인 살인 행위로, 피고인의 행위에 대한 책임이

감경되나 책임은 면제되지 않는 것이다. 이에 반해 비자발적 비악의살인죄는 무모하거나 과실에 의하여 비고의적인 살인을 의미한다.

b. 자발적 비악의살인죄(Voluntary manslaughter)

Voluntary manslaughter is an intentional killing committed in response to adequate provocation. It is the provoked killing usually by fight with no adequate cooling off period.

It is necessary that provocation arouse sudden and intense passion in an ordinary person. The provocation is a key component to distinguish manslaughter from murder.

If sufficient time exists between the provocation and the killing for a reasonable person to cool off, the charge cannot be mitigated from murder to manslaughter. The key is whether there was sufficient time for cooling off for a reasonable person, regardless of whether the defendant actually regained self-control.

Imperfect self-defense applies when the charge of murder may be reduced to voluntary manslaughter if the defendant started the altercation, or the defendant unreasonably but truly believed in the need of using deadly force.

자발적 비악의살인죄는 충분한 도발(adequate provocation)에 대응하여 저지른 고의적인 살인이다. 이것은 보통 적절한 냉각기(cooling off period)가 없는 싸움에 의해 유발된 살인이다.

도발은 일반인(ordinary person)에게 갑작스럽고 강렬한 열정을 불러일으킬 수 있는 것을 말한다. 도발은 자발적 비악의살인죄와 살인죄를 구별하는 핵심 요소이다.

합리적인 사람이 냉각기를 가질 수 있는 충분한 시간이 도발과 살인 사이에 존재한다면 살인에서 자발적 비악의살인죄로 혐의를 완화할 수 없다. 피고인이 실제로 자제력(self-control)을 회복했는지 여부와 관계없이 합리적인 사람이 냉각기를 가질 수 있는 충분한 시간이 있었는지가 관건이다.

피고인이 싸움을 시작했거나 피고인이 비합리적이지만 진정으로 치명적 위력을 사용할 필요가 있다고 믿었던 경우 살인죄가 자발적 비악의살인죄로 축소될 수 있는 경우 불완전 정당방위(imperfect self-defense)가 적용된다.

c. 비자발적 비악의살인죄(Involuntary Manslaughter)

Involuntary manslaughter is an unintentional homicide committed, occurring either through criminal negligence or during the commission of an unlawful act.

1) Criminal negligence

Criminal negligence involves a grossly negligent action that puts another person at a significant risk of serious bodily injury or death. It requires more than ordinary negligence, and something less than the extremely negligent conduct required for depraved-heart murder.

2) Unlawful act

The commission of an unlawful act leading to involuntary manslaughter can occur in one of two ways:

i) According to the misdemeanor-manslaughter rule, this type of killing occurs in the process of committing a misdemeanor.; or

ii) The death happens during the commission of a felony that does not qualify for felony murder.

비자발적 비악의살인죄는 형사 과실 또는 불법행위의 실행 중에 발생하는 고의에 의하지 않은 살인이다.

1) 형사 과실(criminal negligence)

형사 과실은 다른 사람을 중대한 상해 또는 사망의 위험에 빠뜨리는 중대한 과실 행위를 말한다. 형사 과실은 보통의 과실 이상을 요구하고, 살인죄에 필요한 사악한 의사에 이르지 않을 것을 요구한다.

2) 불법행위(unlawful act)

비자발적 비악의살인죄로 이어지는 불법행위는 다음 두 가지 방법 중 하나로 발생할 수 있다.

i) 경범죄 비악의살인죄에 의한 것으로 경범죄를 범하는 과정에서 사망의 결과가 발생한 경우이다.

ii) 중범죄 살인죄에 해당하지 않는 중범죄의 실행 중에 사망이 발생하는 경우이다.

4. 중범죄 살인죄(Felony Murder)

a. 원칙

Felony murder refers to an unintended killing proximately caused by and during the commission or attempted commission of an inherently dangerous felony. The classical list of felonies deemed inherently dangerous include burglary, arson, rape, robbery, and kidnapping.

Co-felons are vicariously liable for any death that occurs as a foreseeable consequence of the underlying inherently dangerous felony.

If one of two co-felons kills the other during the commission or attempted commission of a dangerous felony, the act constitutes felony murder. On the other hand, if a co-felon is killed by a victim or a police officer, the surviving felon typically is not held liable for felony murder.

중범죄 살인죄는 본질적으로 위험한 중범죄의 실행 또는 실행의 미수에서 발생한 의도하지 않은 살인을 말한다. 본질적으로 위험하다고 간주되는 중범죄의 전통적인 목록에는 중범죄 목적 주거침입, 방화, 강간, 강도 및 납치가 포함된다.

공동 중범죄자는 기본적으로 위험한 중범죄의 예측 가능한 결과로 발생하는 모든 사망에 대해 같이 책임을 진다.

위험한 중범죄의 실행 또는 실행 미수 과정에서 공동 중범죄자들 중 1명이 다른 1명을 살해한 경우 그 행위는 중범죄 살인죄에 해당한다. 반면, 공동 중범죄자가 피해자나 경찰관에 의해 살해된 경우 생존한 중범죄자는 일반적으로 중범죄 살인죄의 책임을 지지 않는다.

b. 중범죄 살인죄에 대한 항변사유(Defenses to felony murder)

If the defendant has a valid defense to the underlying felony, then this defense also applies to the felony murder.

The death resulting from the felony must have been a foreseeable outcome of committing or attempting to commit the felony. This means any death that occurs during the felony or in an attempt to carry out the felony falls under felony murder.

Deaths that occur while fleeing from the scene of a felony are considered felony murders. However, the felony murder rule ceases to apply once the defendant has reached a point of temporary safety, such as spending a night at their own home or at a relative's house. Deaths occurring after this point do not qualify as felony murder.

피고인이 기저 중범죄에 대한 정당한 항변을 가지고 있다면, 이 항변은 중범죄 살인죄에도 적용된다.

예 피고인이 옷가게에서 강도(robbery)를 하고 있었다. 피고인은 술에 취한 상태였고, 강도를 저지르는 동안 가게 안에 있던 피해자를 죽게 했다. 강도는 특정고의 범죄이기 때문에 자발적 명정(voluntary intoxication)은 강도에 대한 항변사유가 된다. 따라서 피고인의 중범죄 살인죄에 대한 항변사유도 된다.

중범죄로 인한 사망은 중범죄 또는 중범죄의 미수 중 발생하는 예상 가능한 결과여야 한다. 이는 중범죄 중에 발생하거나 중범죄를 실행하려고 시도한 모든 사망이 중범죄 살인에 해당한다는 것을 의미한다.

중범죄 현장에서 도주하는 과정에서 발생한 사망도 중범죄 살인죄로 간주된다. 그러나 중범죄 살인죄는 피고인이 자신의 집이나 친척의 집에서 하룻밤을 보내는 등 일시적인 안전의 지점에 도달한 후에는 적용되지 않는다. 이 시점 이후에 발생한 사망은 중범죄 살인죄로 되지 않는다.

c. 제3자의 사망(Death of a third party)

When a third party (bystander) is killed during the commission of a felony, either by a police officer or due to resistance from the victim of the felony, the liability of the felon for the bystander's death can hinge on the legal theory applied: agency theory or proximate-cause theory.

1) Under agency theory

The felon is not held liable for the death of a bystander that results from actions taken by the felony victim or a police officer, as these individuals are not considered to be acting on behalf of the felon because neither person is the felon's agent.

2) Under the proximate-cause theory

The felon may be liable for the bystander's death because it is viewed as a direct and foreseeable result of the criminal activity, linking the felon's actions to the unintended consequences of the felony.

경찰관에 의해 또는 중범죄 피해자의 저항으로 인해 중범죄를 저지르는 동안 제3자(주변인)가 사망한 경우, 주변인의 사망에 대한 중범죄자의 책임은 적용되는 법 이론, 즉 대리 이론 또는 근접원인 이론에 따라 달라질 수 있다.

1) 대리인 이론(agency theory)

중범죄 피해자 또는 경찰관이 취한 행동으로 인하여 주변인의 사망에 대해 중범죄자는 책임을 지지 않는다. 왜냐하면 이들은 중범죄자의 대리인이 아니기 때문에 중범죄자를 대신하여 행동하는 것으로 간주되지 않는다.

2) 근접원인 이론(proximate-cause theory)

중범죄자의 행위를 중범죄의 의도하지 않은 결과와 연결시켜 범죄행위의 직접적이고 예견 가능한 결과로 보기 때문에 중범죄자는 방관자의 사망에 대한 책임을 질 수 있다.

예 A와 B가 편의점에서 강도를 하고 있다. 편의점 주인은 B를 총으로 쐈지만 B의 근처에 있던 손님이 총에 맞고 사망했다. 근접원인 이론에 따르면 A와 B는 쇼핑객의 사망에 대한 책임 즉 중범죄 살인죄에 해당하지만, 대리 이론에 따르면 A와 B는 중범죄 살인죄에 대한 책임이 없다.

D 강간죄(Rape)

For rape to be established, the following elements must be met:

1) The slightest penetration of the female sex organ by the male sex organ, without the need of emission to complete the crime;

2) Absence of marital relationship;
Traditionally, it required the absence of a marital relationship between the perpetrator and the victim, though modern statutes in many states have modified or eliminated this criterion, recognizing rape within estranged or separated marital relationships.

3) The act must occur without the effective consent of the victim.
Consent is a central element in determining the occurrence of rape. A rape has not occurred if there is consent to the sexual act. However, consent is deemed invalid if it is obtained through force, the threat of harm, or when the victim is incapacitated due to drugs, alcohol, or unconsciousness, rendering them incapable of giving consent.

Statutory rape involves sexual intercourse with an individual below the legal age of consent, which is typically set at 16 or 18 years old. It is considered a strict-liability offense, meaning that the minor's consent or the defendant's mistaken belief about the victim's age does not constitute a defense against the charge.

a. 강간죄의 성립요건은 다음과 같다.

1) 여성 성기에 대한 남성 성기의 삽입

남성 성기의 삽입은 약간의 삽입만 있어도 성립된다. 강간죄가 성립하기 위하여 남성 성기의 사정이 요구되지는 않는다. 현재는 강간을 중립적으로 규정하는 방식으로 규정하고 있는 주가 있고, 이러한 경우에는 여성도 강간죄의 가해자가 될 수 있다.

2) 혼인관계의 부재

전통적으로는 가해자와 피해자 사이에 혼인관계가 없는 것을 요구했지만, 현재는 많은 주에서 이 요건을 수정하거나 제거하여 혼인관계 내에서도 강간죄를 인정하고 있다.

3) 피해자의 유효한 동의의 부재

동의는 강간죄 성립을 판단하는 데 있어서 핵심적인 요소이다. 강간은 성행위에 대한 동의가 있는 경우에는 발생하지 않는다. 그러나 폭력, 해악의 위협, 피해자가 약물, 알코올, 의식불명 등으로 인하여 의사능력이 상실되어 동의를 할 수 없는 경우에는 동의는 유효하지 않게 된다.

b. 법정강간죄(statutory rape)

법정강간죄는 법정 동의 연령 미만의 여성과 성관계를 하는 경우 성립한다. 법정 동의 연령 미만의 기준은 일반적으로 16세 또는 18세이다. 이는 미성년자의 동의 또는 피고인의 피해자 나이에 대한 잘못된 믿음 즉 착오는 법정강간죄에 대한 항변이 되지 않는다. 법정강간죄는 엄격 책임 범죄에 해당한다.

VI | 재산에 대한 범죄(Crimes Against Property)

A 절도죄(Larceny)

The crime of larceny is the trespassory taking and carrying away (asportation) of tangible personal property that belongs to another with the intent to permanently (or for an unreasonable time) deprive the person of his right to the property.

The act of taking must be without consent, equivalent to stealing. If the taking is induced by misrepresentation, it is termed larceny by trick.

Even the slightest movement of another's property without consent qualifies.

The perpetrator must have the intent to permanently deprive the possessor of his interest in the property at the time of the taking. Intent to hold it as security for a lawful debt does not qualify.

Intent to destroy or burn is considered larceny because it involves a significant risk of loss to the possessor.

Taking property under the mistaken belief that it belongs to you or that you have a right to it does not constitute larceny.

Larceny is a crime of specific intent, making any mistake of fact a valid defense.

a. 절도죄는 재산에 대한 권리를 영구적으로(또는 비합리적인 시간 동안) 박탈하려는 의도를 가지고 타인의 유형의 개인 재산을 무단으로 빼앗아 가는 것이다.

타인의 동의 없이 가져가는 것으로 절취를 하는 것이다. 속아서 물건을 넘겨주는 경우에는 책략절도(larceny by trick)라 한다.

타인의 동의 없이 다른 사람의 재산을 조금이라도 이동시키면 절도는 기수가 된다.

가해자는 점유자로부터 점유를 빼앗을 당시 해당 점유를 영구적으로 박탈하려는 고의를 가져야 한다. 영구적으로 점유를 박탈하고자 하는 고의가 아니라 일시적으로 사용하고 나서 돌려주겠다는 의사를 가지고 점유를 빼앗는 경우에는 절도죄에 해당하지 않는다. 적법한 채무에 대한 담보로 보유하려는 의도는 절도의 고의에 해당하지 않는다.

멸실 또는 불태우려는 의도는 점유자에게 중대한 손실 위험을 수반하기 때문에 절도의 고의로 간주된다.

재산이 자신에게 속하거나 자신에게 권리가 있다는 잘못된 믿음으로 재산을 빼앗는 것은 절도의 고의가 없어 절도죄에 해당하지 않는다.

절도죄는 특정고의 범죄로, 사실의 착오(mistake of fact)는 정당한 항변사유가 된다.

b. 지속침해이론(Continuing trespass theory)

Under the continuing trespass theory, if a defendant takes the personal property of another with a wrongful mental state but without the initial intent to permanently deprive the owner of it, and then later decides to keep the property while still possessing it, this constitutes larceny.

The concept of “continuing trespass” allows the original wrongful act of taking property to be considered ongoing, ensuring that the criminal action coincides with the criminal intent. For this theory to apply, the defendant’s initial taking of the property must have been wrongful, such as taking the property with the awareness that it belongs to someone else.

지속침해이론에 따르면, 피고인이 타인의 개인 재산을 영구적으로 빼앗으려는 의도가 없는 상태에서 가져간 후에 그 재산을 여전히 점유하고 있는 상태에서 돌려주지 않고 갖기로 결정한 경우에 절도죄가 성립한다.

"지속 침해"의 개념은 타인의 재산을 가져간 원래의 잘못된 행위가 계속 중인 것으로 간주되어 범죄행위가 범죄의 의도와 일치하게끔 보장하는 것이다. 이 이론이 적용되기 위해서는 피고인이 최초에 재산을 가져간 것은 재산이 다른 사람의 것이라는 인식을 가지고 재산을 가져간 것과 같은 잘못된 인식으로 가져갔던 것이었어야 한다.

> 예 피고인이 타인의 물건을 몇시간 빌려 사용하고 돌려주려고 하는 생각으로 가져왔다가 생각이 바뀌어서 가지기로 결정을 한 경우 지속침해이론에 따라 절도죄 성립이 가능하게 된다.

B 횡령죄(Embezzlement)

The crime of embezzlement is the fraudulent conversion of property that belongs to another by a person who has lawful possession of that property.

The embezzler, the person committing embezzlement, must have lawful possession of the property when he decides to defraud.

A crucial difference from larceny is that the person embezzling initially has lawful possession of the property, often being in a position of trust, such as a trustee of a trust fund. Lower-level employees, like bank tellers, typically do not have "possession" in the context required for embezzlement.

The act of embezzlement includes the illegal conversion of the property, which distinguishes it from larceny by not requiring any physical movement or "carrying away" of the property for the crime to be committed.

횡령죄는 타인의 재산을 합법적으로 점유하고 있는 사람이 타인의 재산을 사기적으로 전환하는 것이다.

횡령죄를 저지르는 횡령범이 편취를 결정할 시점에 해당 재산을 적법하게 점유하고 있어야 한다.

절도와의 중요한 차이점은 횡령하는 사람이 처음에는 합법적으로 재산을 점유하고 있다는 것이다. 종종 신탁 재산의 수탁자와 같은 위치에 있는 자가 횡령죄의 주체가 될 수 있는 경우이다. 은행 직원과 같은 하급 직원은 일반적으로 횡령에 필요한 상황에서 점유를 하고 있는 것으로 해석되지 않기 때문에 횡령죄의 주체가 되지 않는다.

횡령 행위에는 재산의 불법적인 전환이 포함되는데, 이는 범죄를 저지를 목적으로 재산의 어떠한 물리적인 이동을 요구하지 않는 것으로 절도죄와 구별되는 것이다.

C 사취죄(False Pretense)

The crime of false pretense is obtaining title to the property of another by an intentional false statement about a past or present material fact existing fact with the intention of deceiving the other person.

For false pretense to apply, the legal title of the property must transfer from the victim to the defendant. It's possible to obtain a title without physically taking the property. If the defendant genuinely believes he owns the property in question, he will not be guilty of false pretense.

The statement must be material and must be false past or present fact. Predictions, future promises, or opinions, like sales pitches or puffing, do not qualify. The false representation can be orally, in writing, or through actions (for example, altering a car's odometer). Merely remaining silent does not count as making a false representation.

사취죄는 상대방을 기망할 의도로 과거 또는 현재의 중요한 사실에 대하여 고의로 허위의 진술을 함으로써 타인의 재산에 대한 소유권을 취득하는 것이다.

사취죄가 적용되려면 재산의 법적 소유권이 피해자로부터 피고인에게 이전되어야 한다. 재산을 물리적으로 가져가지 않고도 소유권을 취득하는 것도 가능하다. 피고인이 진정으로 문제의 재산을 소유하고 있다고 믿으면 사취죄가 성립하지 않는다.

진술은 중요한 사항에 대한 것이어야 하고, 과거 또는 현재에 대한 허위의 사실이어야 한다. 허위의 진술은 구두, 서면 또는 행동(예: 자동차 주행 기록계 변경)을 통해서도 일어날 수 있다. 판매 권유와 같은 예측, 미래 약속 또는 의견은 사취죄의 진술에 해당하지 않는다. 침묵을 하는 것만으로는 거짓 진술에 해당하지 않는다.

D 강도죄 (Robbery)

Robbery is defined as taking the personal property of another from the person or his presence by force or intimidation with the intent to permanently deprive the owner of the property.

For an act to qualify as robbery, the larceny must occur directly from the person or in the presence of the person.

The property taken must either be on the victim or within the victim's control, meaning it's within his reach or presence.

The taking must be against the victim's will.

The act must involve either physical force (slight force is enough) or the threat of immediate death or physical injury to qualify as robbery.

강도죄는 타인의 재산을 영구적으로 박탈할 고의를 갖고 폭력 또는 협박에 의해 그 타인의 재산을 절취하는 것이다.

피고인의 행위가 강도죄에 해당하기 위해서는 절취가 원고로부터 직접 발생하거나 원고의 면전에서 발생하여야 한다.

예 피해자가 피고인에 의하여 피해자의 집에 감금된 상태에서 피고인이 피해자의 물건을 가져가는 경우 피해자의 면전(victim's presence)으로 간주된다.

절취되는 물건은 피해자에게 있거나 피해자가 통제할 수 있는 범위 내에 있어야 한다. 즉, 피해자의 손 닿거나 피해자의 면전의 범위내에 있어야 한다.

절취는 피해자의 의사에 반해서 이루어져야 한다.

강도로 인정되기 위해서는 신체적인 폭력(적은 정도의 폭력으로 충분)이나 즉시 사망하거나 신체적 상해가 있을 수 있다는 위협이 수반되어야 한다.

예 "Your money, or your life!" 하지만 미래의 해악에 대한 위협은 강도가 아니라 금전갈취죄(extortion)가 될 수 있다.

예 주머니에 있는 물건을 가져가는 것은 폭력이나 위협이 없이 발생한 것이면 강도가 아니다. 이는 절도죄(larceny)에 해당할 수 있다. 목걸이를 낚아채는 것은 강도에 해당할 수 있다.

E 금전갈취죄(Extortion)

Extortion traditionally is the unlawful taking of money by a government official. It is characterized by the corrupt collection of an unlawful fee under his office.

Unlike robbery, extortion does not require that anything be taken directly from the victim's presence. It can be based on threats of future harm rather than immediate danger.

According to the modern approach, many jurisdictions have adopted broader legal definitions of extortion through statutes. These modern definitions encompass the acquisition of money or property from someone through threats, expanding beyond the scope of actions performed by government officers to include various coercive practices used by individuals to unlawfully obtain assets from others.

금전갈취는 전통적으로 정부 관리가 불법적으로 돈을 받아가는 것이다. 정부 관리의 업무와 관련하여 불법적으로 수수료를 수령하는 부패 행위로 특징 지워진다.

금전갈취는 강도와 달리 피해자가 있는 곳에서 직접 어떤 것도 빼앗을 것을 요구하지 않는다. 당장의 위험보다는 미래의 해악에 대한 위협에 근거할 수 있다.

예 "I will harm you if you don't give me $60,000."

현재의 접근 방식에 따르면, 많은 관할권이 법령을 통해 더 광범위한 법적 정의를 채택했다. 이러한 현재의 정의는 위협을 통해 누군가로부터 돈이나 재산을 획득하는 것을 포함하며, 정부 관리가 수행하는 행동의 범위를 넘어 개인이 다른 사람으로부터 자산을 불법적으로 얻기 위해 사용하는 다양한 강압적인 관행을 포함하도록 확장하고 있다.

F 주거에 관한 죄(Crimes against Habitation)

1. 주거침입죄(Burglary)

Burglary is the breaking and entering of the dwelling of another during the nighttime with the intent of committing a felony inside.

1) Breaking and entering

Breaking involves using force to create an opening into a dwelling, such as by smashing a window or kicking in a door. The force used may be slight, such as opening an unlocked door or window. However, simply walking through an open entryway is not a breaking, unless the opening must be enlarged to allow the entry. If entry is obtained by fraud or threat, then it constitutes constructive breaking.

Entering occurs when any part of the defendant's body, such as a hand through a broken windowpane, or an instrument used by the defendant to gain entry, such as a stick through a broken window, crosses into the dwelling without permission through the opening made by the breaking. The acts of breaking and entering need not occur at the same time.

2) Dwelling of another

The property must be a dwelling, typically used for sleeping purposes, and belong to someone else. The property doesn't have to be occupied at the moment of the breaking, but it must not be abandoned.

The dwelling targeted must belong to another individual, meaning one cannot commit burglary against his own property. However, if ownership or possessory interest has been legally transferred to someone else, like a tenant, then it can be burglary.

Moreov\er, statutes across all states have broadened the definition of the structures subject to burglary to encompass non-residential properties, including buildings, vehicles, and even outdoor spaces like yards.

3) At nighttime

The act has to occur during the period of darkness from sunset to sunrise when it's too dark to see a burglar's face. It is not considered nighttime if there is sufficient natural daylight to see the burglar's face.

Under common law, it is required that the act of breaking and entering take place during nighttime. Nowadays, only a small number of states maintain the requirement that burglary must occur at night. However, it's common for many states to assign harsher penalties for burglaries committed during nighttime, recognizing the added severity and potential danger of nighttime offenses.

4) With the intent to commit a felony

At the moment of the breaking and entering, the defendant must have the intent to commit a felony (such as larceny, robbery, rape, murder) inside the dwelling.

Even if the defendant does not succeed in committing the planned felony, they can still be charged with burglary and with attempting to commit the underlying felony. Completing the intended felony does not merge with the burglary.

Many states have broadened the scope of the crimes intended to be committed to include misdemeanor thefts.

주거침입은 밤에 중범죄를 저지를 목적을 갖고 타인의 주거를 침입하면 성립한다.

1) 침입(breaking and entering)

Breaking은 창문을 부수거나 문을 발로 차는 것과 같이 주거에 침입할 수 있는 공간을 확보하기 위해 힘을 사용하는 것을 말한다. 사용되는 힘은 열려 있지 않은 문이나 창문을 여는 것과 같이 미미해도 해당한다. 그러나 열려진 입구로 들어가는 것은 breaking에 해당하지 않는다. 만약 사기나 협박에 의해 들어가게 되면 constructive breaking이 된다.

Entering은 원고의 주거지를 원고의 허락없이 breaking에 의하여 만들어진 공간으로 즉 깨진 유리창으로 피고인의 손을 집어넣는 등 피고인의 신체 일부가 들어가거나 또는 깨진 유리창으로 막대기를 넣는 등 피고인이 사용하는 물건의 일부가 들어가는 경우에 발생한다. Breaking과 entering의 행위가 동시에 발생할 필요는 없다.

2) 타인의 주거(dwelling of another)

피고인이 침입하는 곳은 타인의 주거지여야 하며, 일반적으로 수면 목적으로 사용되는 장소이다. 주거지는 침입할 당시에 집주인이 있을 필요는 없지만 버려진 공간이여서는 안된다.

대상이 되는 주거지는 반드시 다른 사람의 것이어야 하며, 이는 피고인 자신의 주거지에 대한 주거침입은 발생할 수 없음을 의미한다. 하지만, 점유권이 임차인과 같이 법적으로 다른 사람에게 이전되었다면, 그때는 주거침입이 성립할 수 있다.

현재 거의 모든 주는 주거지 범위를 수면 목적의 주거지 뿐만 아니라 건물, 차량, 심지어 마당과 같은 실외 공간을 포함한 비주거용 부동산을 포함하도록 넓히고 있다.

3) 야간(at nighttime)

주거침입은 피고인의 얼굴을 볼 수 없을 정도로 어두울 때, 즉 일몰부터 일출까지의 기간에 발생해야 한다. 피고인의 얼굴을 볼 수 있을 정도의 자연 일조량이 있다면 야간으로 간주되지 않는다.

보통법에 따르면, 주거침입은 야간에 이루어질 것이 요구된다. 여전히 소수의 주가 야간에 주거침입이 발생할 것을 요구하고 있지만, 현재는 많은 주가 야간의 요건을 없앤 경우가 많으며, 야간 범죄의 심각성과 잠재적인 위험성을 인정하여 야간에 저지른 주거침입에 대해 더 가혹한 처벌을 내리는 것이 일반적이다.

4) 중범죄를 저지를 의도(the intent to commit a felony)

피고인은 침입 시점에 주거 내부에서 중범죄(절도(larceny), 강도(robbery), 강간(rape), 살인(murder) 등)를 저지를 고의를 가지고 있어야 한다.

비록 피고인이 의도한 중범죄를 저지르는 데 성공하지 못하더라도, 피고인은 여전히 주거침입죄에 해당하고 저지르려고 했던 중범죄의 미수죄가 성립한다. 의도된 중범죄가 완성되는 경우 주거침입죄와 병합되지 않는다.

많은 주에서 경범죄 절도를 포함하여, 의도된 범죄의 범위를 확장하고 있다.

2. 방화죄(Arson)

Arson is defined as the malicious burning of the dwelling house that belongs to another.

1) Malice

The defendant does need to have the intent to burn the dwelling of another. It is sufficient that the defendant acts with reckless disregard that creates a substantial risk of such burning.

2) Burning

The damage to the dwelling must be caused by fire. The damage must affect the structure of the dwelling. Mere smoke damage or mere scorching (i.e., discoloration due to heat) of the walls and burning of the contents of the dwelling are insufficient. In the case that the dwelling is a wooden structure, there must be at least a charring of the wood.

3) Another's dwelling

It is not necessary for the victim to own the property; the key factor is whether a person has the right to possess or occupy the dwelling.

The definition of arson has been broadened in many jurisdictions to include the burning of one's own property under certain conditions, as well as to cover the burning of structures other than the dwellings. However, merely setting fire to the interior contents of a building, without damaging the structure itself, is typically not considered arson under these expanded definitions.

방화죄는 타인의 주거를 악의적으로 방화하는 것을 말한다.

1) 악의(malice)

피고인이 타인의 주거를 불태울 악의가 있어야 한다. 피고인이 그러한 화재가 발생할 상당한 위험이 있음에도 무모하게 행위를 하는 것으로 충분하다.

2) 화재(burning)

주거의 손상은 화재에 의한 것이어야 한다. 그 손상은 주거의 구조에 영향을 주어야 한다. 단지 연기에 의한 손상이나 단지 불에 그을리는 것(열에 의한 변색), 주거의 내용물의 연소만으로는 부족하다. 주거가 목조 건축물인 경우에는 적어도 목재에 대한 탄화(charring)가 있어야 한다.

3) 타인의 주거(another's dwelling)

피해자가 주거를 소유할 필요는 없으며, 핵심 요소는 사람이 주거를 소유하거나 점거할 권리가 있는지 여부이다.

많은 관할권에서 방화죄의 정의는 특정한 조건 하에서 자신의 주거를 불태우는 것뿐만 아니라 주거지 이외의 건물을 태우는 것을 포함하도록 확장하고 있다. 그러나 이러한 확장된 정의에서도 일반적으로 구조물 자체를 손상시키지 않고 건물의 일부에 불을 지르는 것은 방화로 간주되지 않는다.

CRIMINAL
PROCEDURE

[제2편]

형사소송법

Criminal Procedure

I | 위법수집증거배제 법칙(Exclusionary Rule)

A 소개

The Exclusionary Rule is a fundamental principle in United States criminal procedure that prohibits the use of evidence obtained in violation of a defendant's constitutional rights.

The exclusionary rule is the judge-made doctrine that excludes evidence obtained in violation of the U.S. Constitution, the Fourth Amendment, the Fifth Amendment, and the Sixth Amendment.

The primary purpose of the exclusionary rule is to deter law enforcement from conducting illegal searches and interrogations.

위법수집증거배제 법칙은 피고인의 헌법상 권리를 침해하여 얻은 증거를 사용하지 못하도록 하는 미국 형사 절차의 기본 원칙이다.

위법수집증거배제 법칙은 미국 수정헌법 제4조, 제5조, 제6조에 위반하여 얻은 증거를 배제하는 것이다. 위법수집증거배제 법칙의 주된 목적은 법 집행자가 불법적인 수색과 신문을 하는 것을 저지하기 위한 것이다.

B 위법수집증거배제 법칙의 제한(Limitations on Exclusionary Rule)

The exclusionary rule does not extend to the following situations:

1) Grand Jury
The rule does not apply to the grand jury, meaning that the rule does not prevent evidence obtained through improper means from being presented to the grand jury.

2) Civil Proceedings
The rule is not an available remedy to civil proceedings.

3) Parole Revocation
The rule is inapplicable in proceedings to revoke parole.

4) Violation of the "Knock and Announce" rule
Evidence found as a result of failing to follow the "knock and announce" rule is not excluded if the search itself was otherwise authorized by a valid warrant.

5) Requirement for Violation
For evidence to be excluded, the search that obtained it must violate either the federal constitution or a federal law.

위법수집증거배제 법칙은 다음과 같은 경우에는 적용되지 않는다.

1) 대배심(grand jury)

위법수집증거배제 법칙은 대배심에 적용되지 않는다. 즉, 이 법칙이 부적절한 수단을 통해 얻은 증거가 대배심에 제시되는 것을 막지 않는다는 것을 의미한다.

2) 민사 소송(civil proceedings)

이 법칙은 민사 소송에 대한 이용 가능한 구제가 아니다.

3) 가석방 취소(parole revocation)

가석방 취소 절차에서는 이 규칙이 적용되지 않는다.

4) 수색 전 알림(Knock and Announce rule)

수색 전 알림 규칙을 따르지 않고 발견한 증거는 유효한 영장에 의해 수색 자체가 승인된 경우 배제되지 않는다.

5) 위반의 요건

위법수집증거배제 법칙에 따라 증거가 배제되기 위해서는 증거를 수집한 수색이 연방헌법 또는 연방법을 위반한 것이어야 한다.

> 예 국세청(IRS)이 공표한 규칙을 위반하여 어느 납세자(taxpayer)의 집을 수색한 경우, 미국 연방대법원은 수색이 국세청의 규칙을 위반한 것에 불과하므로 수색에서 얻은 증거를 배제하는 것으로는 충분하지 않다고 하였다.

The use of excluded evidence for impeachment purposes:

1) Evidence that was excluded from the state's case-in-chief, such as that obtained unlawfully or through a voluntary confession made without being informed of Miranda rights, may be used to impeach the defendant's testimony at trial. However, confessions that are deemed involuntary are not permissible for impeachment.

2) The scope of using such excluded evidence for impeachment is restricted to the defendant's own testimony, and does not extend to the testimony of other witnesses called by the defense.

배제된 증거를 탄핵(impeachment) 목적으로 사용하는 경우

1) 불법적으로 수집된 증거나 미란다 권리를 고지하지 않고 받은 자발적 자백(voluntary confession)과 같이 법정에서 검찰의 신문으로부터 배제된 증거가 피고인의 증언을 탄핵하기 위해서 사용될 수 있다. 그러나 비자발적(involuntary)인 것으로 인정되는 자백은 탄핵을 위해서도 허용되지 않는다.

예 불법 수색으로 획득한 구멍이 뚫린 티셔츠를 마약 밀수 사건에서 피고인의 증언의 신빙성을 탄핵하기 위해 사용될 수 있다.

2) 이와 같이 배제된 증거를 탄핵에 사용할 수 있는 범위는 피고인 자신의 증언에 한정되고, 피고인이 소환한 다른 증인들의 증인에는 적용되지 않는다.

Good Faith Reliance Exceptions

1) If the police acted based on their belief in the validity of existing case law or judicial opinions that are subsequently altered by new rulings, the evidence obtained under the initial understanding is not excluded.

2) Evidence acquired when police acted in accordance with a statute that is later found to be unconstitutional is not excluded, provided the police believed the law to be valid at the time.

3) When the police act on a search warrant that later turns out to be flawed, or when their actions are based on a clerical error in computer records that cannot be attributed to police error, the evidence obtained is not excluded.

선의의 신뢰 예외(good faith reliance exceptions)

1) 경찰이 기존 판례나 사법 의견의 유효성에 대한 신뢰를 갖고 행위를 하였으나 이후에 새로운 판결에 의해 변경되는 경우, 처음에 이해한 대로 수집한 증거는 배제되지 않는다.

2) 경찰이 나중에 위헌으로 판명된 법령에 따라 행위 하였을 때 그 취득한 증거는 경찰이 당시의 법이 유효하다고 믿었던 경우에는 배제되지 않는다.

3) 경찰이 나중에 하자가 있는 것으로 판명된 수색영장으로 행위를 하거나 그 행위가 경찰의 착오로 귀속될 수 없는 전산기록상의 사무상의 착오에 의한 것인 때에는 그 수집한 증거는 배제되지 않는다.

C 위법수집증거배제 법칙의 확대(Expanding Exclusionary Rule)

독수독과원칙(Fruit of The Poisonous Tree Doctrine)

The principle known as the "fruit of the poisonous tree" mandates that evidence obtained as a result of unlawful police conduct (poisonous tree), as well as any subsequent evidence stemming from the initial illegality (fruit of the poisonous tree), must be excluded inadmissible at trial.

There are exceptions that allow the government to break the chain between the initial illegal action and the derived evidence:

1) Independent Source

If the government can show that the derived evidence was obtained through an independent source (completely separate from the original unlawful act), then it may be admissible.

2) Inevitable Discovery

If the government can show that the derived evidence would have inevitably been discovered, regardless of the illegal police activity, it may be admissible.

3) Intervening Act of Free Will by the Defendant

If there was an intervening independent act by the defendant that breaks the chain of causation from the original illegality, it may be admissible.

독수독과원칙은 경찰의 불법행위로 인하여 취득한 증거(독수)와 최초의 불법으로부터 추가로 획득한 증거(독과)를 재판에서 배제해야 한다는 것이다.

독수독과원칙과 관련하여, 정부가 최초의 불법행위와 이 불법행위로부터 파생된 증거 사이의 사슬을 끊을 수 있도록 허용하는 예외가 있다.

1) 독립 출처(independent source)

정부가 파생된 증거가 독립적인 출처를 통해 얻어졌다는 것을 보여줄 수 있다면 인정될 수 있다.

2) 불가피한 발견(inevitable discovery)

정부가 경찰의 불법행위와 상관없이 파생된 증거가 필연적으로 발견되었을 것이라는 것을 보여줄 수 있다면 인정될 수 있다.

3) 피고인의 자유의지 행위의 개입(intervening act of free will by the defendant)

최초의 불법행위 원인의 사슬을 끊는 피고인의 자유의지에 의한 개입적 행위가 있었다면 인정될 수 있다.

예 피고인이 금요일에 불법체포 되었다가 토요일에 풀려나 일요일에 자신의 변호사로부터 법률자문을 얻고 나서 월요일에 자진 출두하여 경찰서에 복귀하여 자백을 하기로 결정한 경우에는 최초의 불법체포와는 별도로 피고인의 자유의지에 의한 개입행위로 자백이 인정될 수 있다.

Weeks v. United States[7)]

United States Supreme Court (1914)

Facts:
Weeks was convicted for unlawfully using the federal mail system for gambling, with evidence including letters and envelopes seized from his home by a U.S. Marshal without a search warrant. Claiming this was a breach of the Fourth Amendment, Weeks petitioned the district court to return the paperwork but the motion was denied.

Holding:
Items seized by a federal official from someone's home without a warrant violate the Fourth Amendment and cannot be used as evidence. The Fourth Amendment's protection against unreasonable searches and seizures would be meaningless if evidence obtained in violation of it could still be admitted at trial. Therefore, the prejudicial error was committed by including the unlawfully obtained evidence at trial and the lower court's judgment is reversed.

7) Weeks v. United States, 232 U.S. 383 (1914) 판례 내용 중 관련된 부분을 간략히 요약함.

Ⅱ | 체포(Arrest)

A 체포(Arrest)의 의미

An arrest takes place when the police take a person into custody against her will for purposes of criminal prosecution or interrogation. An arrest is considered to be complete as soon as the suspect is no longer free to walk away from the arresting police officer.

In determining the occurrence of an arrest, courts apply the reasonable person standard. This means asking whether a reasonable person, in the shoes of the defendant, would have concluded that he or she was not free to leave.

체포는 경찰이 형사 기소 또는 신문을 목적으로 의사에 반하여 사람을 구속할 때 발생한다. 즉, 피의자가 경찰관으로부터 자유롭게 벗어날 수 없게 되면 체포가 된 것으로 간주한다.

법원이 체포의 발생을 판단할 때 합리적인 사람(reasonable person)기준을 적용한다. 이것은 피의자 입장에서 합리적인 사람이 자유롭게 떠날 수 없다고 결론지었을 것인지를 묻는 것을 의미한다.

B 상당한 이유(Probable cause)

Under the Fourth Amendment of the U.S. Constitution, an arrest must be based on probable cause. This probable cause requirement restrains the power of the police to deprive people of liberty.

Probable cause to arrest is present when, at the time of arrest, the officer has within her knowledge reasonably trustworthy facts and circumstances sufficient to warrant a reasonably prudent person to believe that the suspect has committed or is committing a crime.

미국 수정헌법 제4조에 따르면, 체포는 상당한 이유를 기초로 하여야 한다. 상당한 이유 요건은 시민의 자유를 박탈하는 경찰의 권한을 제한하는 것이다.

체포 당시 경찰관이 피의자가 범죄를 저질렀거나 저질렀다고 믿을 만한 것으로 합리적으로 신중한 사람을 기준으로 충분히 합리적으로 신뢰할 수 있는 사실과 상황을 경찰이 인식하고 있는 경우에는 체포할 수 있는 상당한 이유가 존재하게 된다.

C 체포 영장(Arrest warrant)

Arrest warrants are generally not required before arresting a person in a public place, even if the police have time to obtain a warrant.[8)]

However, the police are required to have a warrant to arrest an individual in his own home, absent exigent circumstances or valid consent.[9)]

경찰이 공공장소에서는 사람을 체포할 때는 영장을 발부 받을 시간이 있다 하더라도 일반적으로 체포 영장이 요구되지 않는다.

그러나 집(home)에서 체포할때는 체포 영장이 있어야 한다. 다만, 집에서 체포하는 경우에도 긴급한 사정(exigent circumstances)이 있거나 체포되는 자의 유효한 동의(valid consent)가 있는 경우에는 체표 영장이 없어도 된다.

8) United States v. Watson, 423 U.S. 411 (1976), was a case decided by the Supreme Court of the United States that decided that a warrantless arrest in public and consenting to a vehicle search did not violate the Fourth Amendment.

9) Payton v. New York, 445 U.S. 573 (1980)

MEMO

III | 수색 및 압수(Search and Seizure)

A 소개

Searches and Seizures must be reasonable to be lawful under the Fourth Amendment.

A search means that law enforcement officers examine an individual's property to find evidence that may be connected to criminal activity. A seizure occurs if they take possession of items found during the search.

Both the Fourth and the Fourteenth Amendments of the U.S. Constitution require that any search and seizure must be reasonable.

수색 및 압수는 수정헌법 제4조에 따라 합법적이기 위해서는 그 수색 및 압수가 합리적이어야 한다.

수색은 법 집행관이 범죄 활동과 관련될 수 있는 증거를 찾기 위해 개인의 재산을 조사하는 것을 의미한다. 수색 중에 발견된 물건에 대한 점유를 갖게 되면 압수가 발생한다.

B 수정헌법 제4조의 권리(The Fourth Amendment right)

1. 정부의 행위(Governmental Conduct)

The Fourth Amendment protects individuals from unlawful search and seizure by the government.

1) The actions of publicly paid police officers represent government conduct at all times, regardless of whether they are on duty or off duty.
2) Any private individual who conducts a search or seizure under the direction of public law enforcement is considered to be engaging in government conduct.
3) Private security personnel, such as security guards or campus police, are not generally seen as conducting government action. However, if they are officially granted law enforcement powers, including the authority to arrest, their actions may then be considered as government conduct.

수정헌법 제4조는 정부에 의한 불법적인 수색 및 압수로부터 개인을 보호한다. 따라서 수색 및 압수의 주체는 정부여야 하고, 일반 사인은 해당하지 않는다.

1) 정식 경찰관의 행위는 근무 중이든 비번이든 관계없이 항상 정부의 행위가 된다.
2) 경찰관의 지시에 따라 수색 및 압수를 하는 사인은 정부의 행위에 종사하는 것으로 간주되어 정부의 행위에 해당한다.
3) 경비원이나 캠퍼스 경찰과 같은 민간 보안 요원은 일반적으로 정부 행위를 수행하는 것으로 간주되지 않는다. 그러나 공식적으로 체포 권한을 포함한 법 집행 권한이 부여되면, 그들의 조치는 정부 조치로 간주될 수 있다.

2. 사생활에 대한 합리적 기대(Reasonable Expectation of Privacy)

For the Fourth Amendment's protection against unreasonable searches and seizures to apply, the individual in question must have a reasonable expectation of privacy regarding the place that was searched or the item that was seized.

1) Standing

Standing refers to an individual's ability to challenge a search or seizure based on their expectation of privacy. Determining whether a person has a legitimate expectation of privacy is based on the totality of the circumstances, considering factors such as the individual's ownership or possessory interest in the place that was searched or the item that was seized.

2) Standing is automatically granted if an individual falls into one of the following categories:

a. Owner of the premises searched
This includes not just real estate or dwellings but also extends to personal ownership, such as one's own body.

b. Residents on the premises searched
An individual who lives at the place of the search has standing, regardless of whether they are the owner or not.

c. Overnight guests
Individuals staying as overnight guests at a place have the standing to challenge a search of the place where they are staying, recognizing their temporary expectation of privacy in that space.

3) Passengers in a vehicle who do not assert ownership of the car itself or the items seized within it (such as stolen checks discovered under a seat) lack the standing to object to the car's search merely because they were legitimately present during the search.

Similarly, an individual who is temporarily on another's premises for the business purpose of drug using the space solely to prepare drugs for sale does not have the standing to object to the search of those premises.

4) Public Nature

When the object of a search or the item seized is of a public nature - meaning it is exposed to the public or held out in public view - there is generally no recognized right to privacy.

a. The style of your handwriting.
b. The sound of your voice.
c. The painting or appearance of your car when it's visible to the public.
d. Account records held by a bank.
e. Monitoring the place of your car on public streets or even in your driveway.
f. Anything that can be seen on open fields.
g. Anything visible from above while flying in public airspace.
h. The odors emanating from your luggage are not protected, though physically squeezing luggage to discern its contents does constitute a search.
i. Garbage placed on the curb for collection.

수정헌법 제4조는 정부에 의한 불법적인 수색 및 압수로부터 개인을 보호한다.

부당한 수색과 압수에 대한 수정헌법 제4조의 보호가 적용되기 위해서는 해당 개인이 수색되는 장소 또는 압수되는 물건에 관하여 합리적인 사생활의 기대가 있어야 한다.

1) 원고적격(standing)

원고적격은 사생활에 대한 합리적인 기대를 바탕으로 수색이나 압수에 이의를 제기할 수 있는 개인의 능력을 말한다. 개인이 사생활에 대한 정당한 기대를 가지고 있는지를 판단하는 것은 수색을 당하는 장소 또는 압수되는 물건에 대한 개인의 소유권 또는 점유 권리와 같은 요소를 고려하여 제반사정을 고려하여 결정한다.

2) 원고적격은 개인이 다음 범주 중 하나에 해당하는 경우 자동으로 발생한다.

a. 수색된 건물의 소유자

여기에는 부동산이나 주거뿐만 아니라 자신의 신체도 포함된다.

b. 수색된 건물 내 거주자

수색 장소에 거주하는 개인은 소유자 여부에 관계없이 원고적격을 갖는다.

c. 숙박 손님

숙박하는 개인은 그 공간에서 사생활에 대한 일시적인 기대를 인식하면서 자신이 숙박하는 장소에 대한 수색을 반대할 수 있는 원고적격이 있다.

3) 자동차 자체 또는 그 안에서 압수된 물품의 소유권이 없는 자동차 탑승자(좌석 아래에서 발견된 도난 수표 등)는 단지 수색 중에 합법적으로 승차하고 있었다는 이유만으로 자동차 수색에 반대할 자격은 없다.

마찬가지로, 마약 판매를 준비하기 위해 어느 공간을 사용하는 것과 같이 마약에 대한 거래 목적으로 일시적으로 다른 사람의 집에 있는 개인은 그 집의 수색에 반대할 자격이 없다.

4) 공공성

수색의 대상 또는 압수된 물건이 공공성을 가지고 있는 경우에는 원고적격이 없다. 일반적으로 다음의 사항에 대해서는 사생활에 대한 권리가 없다.

a. 글씨체
b. 목소리
c. 일반인이 볼 수 있는 것으로 자동차의 그림이나 외관
d. 은행 계좌 기록
e. 공공 도로나 진입로에서 자동차의 위치에 대한 모니터링

f. 공개된 장소에 있는 것

g. 공중을 비행하는 동안 위에서 볼 수 있는 것

h. 수하물에서 나오는 냄새는 보호되지 않지만 내용물을 식별하기 위해 물리적으로 짜내는 것은 수색에 해당한다

i. 수거를 위해 연석에 놓여진 쓰레기

Minnesota v. Olson[10)]

United States Supreme Court (1990)

Facts:
Based on reliable information, Minnesota police identified Robert Olson (defendant) as the alleged getaway driver in a robbery and homicide at a gas station. Acting on this information, officers located Olson residing as a guest in a duplex's upper apartment. Although they had a probable cause bulletin for Olson's arrest, they lacked an official warrant. After confirming Olson's presence with the resident, officers entered without consent and discovered Olson concealed in a closet. Subsequent to his arrest and during police questioning, Olson incriminated himself. At his trial, Olson contested the admissibility of his confession, claiming his warrantless arrest invalidated his statement. However, his argument was dismissed, leading to his conviction for first-degree murder, robbery, and second-degree assault. Upon appeal, the Minnesota Supreme Court found the arrest unlawfully conducted without a warrant, rendering Olson's confession inadmissible. The United States Supreme Court granted certiorari.

Holding:
The U.S. Constitution's Fourth Amendment shields an overnight guest from police entry without a warrant into the dwelling where the guest is staying. To arrest a suspect at home, law enforcement needs an arrest warrant, even if there's probable cause. A person not owning the house can still expect Fourth Amendment protection if they have a legitimate privacy expectation in the invaded space. Such an expectation is legitimate if society acknowledges it. Guests stay in someone else's home for the privacy it offers, trusting their host to protect them and their belongings from unwelcome intrusion. Typically, a host respects the guest's privacy, only allowing in welcome visitors. Hence, society acknowledges a houseguest's reasonable expectation of privacy. In this case, Olson, who was staying overnight, had a rightful expectation of privacy where he was arrested. The warrantless arrest violated his Fourth Amendment rights. The judgment is affirmed.

10) Minnesota v. Olson, 495 U.S. 91 (1990) 판례 내용 중 관련된 부분을 간략히 요약함.

3. 유효한 영장(Valid Warrant)

The Fourth Amendment provides the foundation for the requirements of a valid warrant for search and seizure. To be valid, a warrant must meet several criteria designed to protect individuals' rights while allowing law enforcement to carry out their duties.

Here are the essential requirements:

1) It must be issued by a neutral and detached magistrate, ensuring an impartial evaluation of the need for the search;
2) The warrant must be based on probable cause, indicating a reasonable basis to believe that evidence of a crime is present in the place identified;
3) It requires support through an oath or affidavit, where the applicant for the warrant provides a sworn statement detailing the facts that justify the search; and
4) The warrant must precisely outline the places to be searched and the items to be seized, providing clear boundaries for the search to prevent overly broad or arbitrary intrusions into privacy.

수정헌법 제4조는 수색 및 압수를 위한 유효한 영장의 요건에 대한 근거를 제시하고 있다. 영장이 유효하기 위해서는 법 집행이 직무를 수행할 수 있도록 하면서 개인의 권리를 보호하기 위해 요구되는 몇 가지 기준을 충족해야 한다.

유효한 영장의 발급을 위해 요구되는 사항은 다음과 같다.

1) 수색의 필요성에 대한 공정한 평가를 보장하기 위해 중립적이고 독립적인 치안판사에 의해 발급되어야 한다.
2) 영장은 범죄의 증거가 식별된 장소에 존재한다고 믿을 수 있는 합리적인 근거를 제시하는 상당한 이유(probable cause) 가 있어야 한다.

3) 영장 신청자가 수색을 정당화하는 사실을 상세히 기재한 선서 또는 선서진술서가 있어야 한다.

4) 영장은 지나치게 광범위하거나 자의적인 사생활 침해를 방지하기 위해 수색에 명확한 경계를 제공하여 수색할 장소와 압수할 물품을 정확하게 설명해야 한다.

a. 영장 발부(Issuance)

For a warrant to be valid, it must be issued by a judicial officer who is neutral and detached from law enforcement activities. This ensures impartiality in the decision to authorize a search or seizure.

1) A warrant issued by the state's attorney general does not meet the neutrality requirement because the attorney general's role inherently involves law enforcement responsibilities. Similarly, a warrant issued by the U.S. Attorney General would also be invalid for the same reason, as the U.S. Attorney General is the chief law enforcement officer at the federal level and cannot be considered neutral and detached.

2) A court clerk may have the authority to issue warrants for offenses, such as violations of city ordinances.

영장이 유효하려면 중립적이고 법 집행 활동에서 독립적인 사법 공무원이 발부해야 한다. 이는 수색이나 압수를 허가하는 결정의 공정성을 보장하기 위한 것이다.

1) 주의 검찰총장이 발부하는 영장은 중립성 요건을 충족하지 못한다. 검찰총장의 역할은 본질적으로 법 집행기관의 책임을 수반하기 때문이다. 마찬가지로, 미국 연방 검찰총장은 연방 차원의 법 집행기관의 책임자이기 때문에 중립적이고 독립적이라고 볼 수 없다. 따라서 미국 연방 검찰총장이 발부하는 영장도 같은 이유로 유효하지 않다.

2) 법원 사무원(clerk)은 시 규정 위반과 같은 범죄에 대한 영장을 발부할 권한을 가질 수 있다.

b. 상당한 이유(Probable Cause)

A search warrant is granted only when there is probable cause to believe that evidence related to a crime will be found in the place or on the person specified in the warrant. To establish probable cause, a police officer must provide a detailed affidavit that outlines the reasons and evidence supporting the need for the search.

Facts that can support the establishment of probable cause for a search may come from nay of the following sources:

1) A police officer's personal observations

First-hand observations made by an officer, based on their direct experience or surveillance, can provide a basis for probable cause.

2) Information from informants

Information provided by a reliable, known informant or by an unknown informant that can be corroborated through independent verification.

3) Evidence obtained through lawful means

This includes evidence found during stops that are supported by reasonable suspicion, evidence that is in plain view, or evidence discovered as a result of consensual searches.

수색 영장은 범죄와 관련된 증거가 그 장소 또는 영장에 명시된 자로부터 발견될 것이라고 믿을 만한 상당한 이유가 있을 때에만 발부된다. 경찰관은 수색의 필요성을 뒷받침하는 근거와 이유를 설명하는 상세한 진술서를 제출해야 한다.

수색에 대한 상당한 이유의 확립을 뒷받침할 수 있는 사실은 다음 출처 중 하나에서 나올 수 있다.

1) 경찰관의 개인적인 관찰(a police officer's personal observations)

경찰관의 직접적인 경험이나 감시를 기반으로 한 경찰관의 직접적인 관찰 사항은 상당한 이유에 대한 근거를 제공할 수 있다.

2) 정보원의 정보(information from informants)

신뢰할 수 있는 알려진 정보원 또는 독립적인 확인을 통해 확인이 된 정보원이 제공하는 정보는 상당한 이유의 근거가 될 수 있다.

법원은 제반사정(totality of the circumstances) 심사를 적용하여 정보원의 제보(informant's tips)가 다른 모든 관련 사실과 결합하여 영장을 발부할 수 있는 상당한 이유를 입증하기에 충분한지 평가한다. 이 접근법을 통해 치안판사는 정보원의 신원(identity)과 같은 구체적인 세부 정보를 요구하지 않고 제공된 정보의 전반적인 신뢰성을 평가할 수 있다. 핵심은 정보원의 제보를 포함하여 제시된 모든 정보를 고려할 때, 수색이 범죄의 증거를 밝혀낼 것이라고 믿을 수 있는 합리적인 근거(reasonable basis)가 있는지 여부이다.

3) 적법한 방법으로 취득한 증거(evidence obtained through lawful means)

여기에는 합리적인 의심으로 정지(stop)시킨 후 취득한 증거, 명백하게 보이는 증거 또는 동의를 받은 수색을 통해 발견한 증거 등이 포함된다.

C. 특정성(particularity)

> A warrant must precisely identify both the place to be searched and the items to be seized to be valid. The term "crime" in such warrants is understood to refer to a specific crime (for instance, the crime of larceny) rather than to any crime. Moreover, it is not necessary for a warrant to outline the exact method of how the search will be conducted.

영장은 수색할 장소와 압수할 물건을 모두 정확하게 특정하여야만 유효하다. 영장에서 범죄라 함은 어떤 범죄를 지칭하는 것이 아니라 특정 범죄(예를 들면 절도죄)를 지칭하는 것으로 이해된다. 영장이 수색을 어떻게 할 것인지에 대한 정확한 방법을 설명할 필요는 없다.

4. 영장 요건에 대한 예외(Exceptions to the Warrant Requirement)

Even in the absence of a valid search warrant, a search can still be legally justified if it falls under one of several established exceptions to the warrant requirement.

These exceptions include:

1) Searches incident to lawful arrest
2) Stop and Frisk
3) Automobile exception
4) Plain view
5) Consent
6) Hot pursuit and evanescent evidence

유효한 영장이 없는 경우에도 영장 요건과 관련하여 확립된 여러 예외 중 하나에 해당하는 경우에는 여전히 수색 및 압수가 법적으로 정당화될 수 있다.

이러한 예외는 다음과 같다.

1) 합법적 체포에 부수하는 수색(Searches incident to lawful arrest)
2) 자동차 예외(Automobile exception)
3) 명백한 시야(Automobile exception)
4) 동의(consent)
5) 정지신체수색(Stop and frisk)
6) 긴급추적 및 소멸증거(Hot pursuit and Evanescent evidence)

1) 합법적 체포에 부수하는 수색(Searches incident to lawful arrest)

A warrantless search can be lawful if it's conducted as part of and immediately following a lawful arrest, ensuring the search is closely related in time and scope to the arrest itself. If the arrest is invalid, then any search conducted incident to that arrest is also invalid.

A lawful arrest permits law enforcement officers to conduct a warrantless search that is contemporaneous with the arrest. This search can include the person arrested and the area immediately around them, often referred to as their "wingspan" (grab area).

합법적 체포에 부수하여 수행되고 즉시 체포 자체와 시간 및 범위가 밀접하게 관련되어 있는 경우 영장 없는 수색이 가능하고 이는 합법적 수색이다. 체포 자체가 합법적이지 않은 경우에는 해당 체포에 대해 수행된 모든 수색도 유효하지 않게 된다.

예 피의자가 경미한 교통 위반으로 정지되고 정식으로 체포되지 않고 소환장(citation)만 발부된 경우, 경찰관은 합법적 체포에 부수하는 수색(search incident to lawful arrest)을 근거로 피의자나 피의자의 차량에 대한 수색을 할 권한이 없다. 이 원칙은 영장 없이 개인 수색을 수행할 수 있는 상황을 제한함으로써 부당한 수색과 압수로부터 개인의 수정헌법 제4조의 권리를 보호하는 것을 목적으로 한다.

합법적 체포는 법 집행관(law enforcement)들이 체포와 동시에 영장 없이 수색을 할 수 있도록 허용한다. 이 수색은 체포된 사람과 바로 가까운 거리의 주변 지역이 수색의 대상이 되며, 이를 wingspan이라 한다.

이러한 영장요건 예외의 근거는 은닉된 무기에 대한 수색을 허용함으로써 경찰관의 안전을 확보하고 체포자가 접근할 수 있는 증거의 인멸을 방지하기 위함이다. 이러한 수색은 체포되는 자가 손이 닿는 범위로 제한되어 경찰의 안전에 대한 필요성과 체포자의 사생활 보호에 대한 증거 보전 사이의 균형을 반영하고 있다.

예 피고인이 자신의 차 안에서 체포되는 경우, wingspan의 범위는 피의자 차의 내부와 그 안에 있는 모든 것을 포함하지만, 차의 트렁크는 포함하지 않는다.

예 합법적 체포에 부수하는 수색 예외에 따른 수색은 체포된 자(arrestee)의 휴대전화에 해당하지 않는다. 긴급한 사정(exigent circumstances)이 없는 한, 경찰은 체포된 자의 휴대전화 디지털 정보를 수색하기 전에 영장을 발부 받아야 한다.

2) 정지신체수색(Stop and Frisk)

a. 정지(Stop)

A stop, often referred to as a Terry stop, is a limited and temporary intrusion on an individual's freedom of movement, which does not escalate to the level of a full custodial arrest. For a stop to be legally justified, there must be reasonable suspicion grounded in specific and articulable facts suggesting that the person stopped is, or was, involved in criminal activity.

The existence of reasonable suspicion is determined by considering the totality of the circumstances. This standard demands more than mere hunches but is lower than the probable cause. Furthermore, the basis for reasonable suspicion does not have to originate from the officer's personal knowledge.

정지(stop) 또는 테리 정지(Terry stop)는 개인의 이동의 자유에 대한 제한적이고 일시적인 침입으로서, 체포보다는 낮은 단계의 제한이다. 정지가 법적으로 정당화되려면, 정지된 사람이 범죄를 저질렀거나 범죄에 연루되었음을 시사하는 구체적이고 명확한 사실에 근거한 합리적 의심(reasonable suspicion)이 있어야 한다.

합리적인 의심의 존재는 제반 사정을 고려하여 결정한다. 이 기준은 단순한 직감(hunch) 이상을 요구하지만, 상당한 이유(probable cause)보다는 낮다. 또한 합리적 의심의 근거는 경찰관의 개인적인 지식에서 비롯될 필요가 없다. 합리적인 의심은 전단지(flyer), 경찰 게시판(police bulletin) 또는 정보원의 정보(informant's tip)를 근거로 할 수 있지만, 그 정보는 신뢰성을 충분히 입증할 수 있는 근거(sufficient indicia of reliability)가 있는 경우에만 해당된다.

예 경찰관이 두 명의 십대 소년들이 자정에 컴퓨터가 들어 있는 유모차를 끌고 급히 걸어 가는 것으로 목격한 경우 경찰관은 소년들을 정지신체수색(stop and frisk)할 합리적인 의심이 있다.

A Terry stop must be temporary and only last as long as needed to fulfill the purpose for the stop. The methods used during this investigative stop should be the least intrusive means, employing the least means reasonably possible to confirm or dismiss the officer's suspicion in a short time.

If, during the course of a stop, the officer develops probable cause, the officer is then authorized to make an arrest. Following the arrest, a search incident to the lawful arrest can be conducted by the officer.

A Terry stop is permissible for police to instruct occupants to exit a vehicle during a lawful traffic stop.

테리 정지는 정지의 목적을 달성하기 위해 필요한 시간만큼만 임시적이어야 한다. 이 정지에서 사용되는 방법은 경찰관의 의심을 짧은 시간에 확인하거나 없애기 위해 합리적으로 가능한 최소한의 수단을 사용하는 최소한의 침해 수단이어야 한다.

만일 경찰관이 정지하는 과정에서 상당한 이유(probable cause)가 발생하면, 경찰관은 체포할 수 있는 권한을 갖게 되며, 합법적 체포에 부수하는 수색(a search incident to lawful arrest)을 할 수 있다.

테리 정지는 합법적 차량 정지 중에 탑승자에게 차량에서 나오라고 경찰이 지시하는 것이 허용된다.

b. 신체수색(Frisk)

> An officer who lacks probable cause for an arrest is permitted to conduct a limited search, such as a pat-down of a suspect's outer clothing. This is justifiable if there's reasonable suspicion, based on specific and articulable facts, that the individual is involved in criminal activity and that the frisk is necessary to ensure the officer's safety or the safety of others.

체포를 할 수 있는 상당한 이유가 없는 경찰관은 피의자의 겉옷을 두드려서 몸수색(pat-down)을 하는 등 제한적인 수색을 할 수 있다. 구체적이고 명확한 사실을 토대로 개인이 범죄행위에 연루되어 있고, 경찰관의 신변안전이나 타인의 신변안전을 위해 위험부담이 필요하다는 합리적인 의심이 있는 경우에는 이러한 신체수색은 허용이 된다.

Terry v. Ohio[11)]

United States Supreme Court (1968)

Facts:
An experienced police officer noticed two individuals acting suspiciously near a store, repeatedly approaching the window, looking inside, and walking away, behavior he interpreted as indicative of planning a robbery. Furthermore, the officer speculated they might be armed. Upon confronting them and receiving only vague responses, the officer detained Terry, conducting a quick pat-down of his outer clothing to check for weapons, finding a gun in Terry's coat. A similar search on the companion revealed another gun. Both were charged with possession of concealed weapons, leading to Terry's conviction.

Holding:
When an officer notices suspicious behavior suggesting a crime might be underway or imminent, he can identify himself and inquire further. Should the officer still perceive a threat, a limited weapon search may be warranted. Being stopped by police effectively "seizes" a person, invoking Fourth Amendment protections, and a pat-down is considered a search under the same amendment, which bars unreasonable actions. The key question is the reasonableness of both the stop and the search, requiring the officer to justify the intrusion on Fourth Amendment freedoms by articulating the specific circumstances. This evaluation balances the government's interests in law enforcement and officer safety against the individual's right to privacy. If deemed unreasonable, any evidence found is inadmissible due to the exclusionary rule, which aims to deter police misconduct. However, concerns for officer safety may override the exclusionary rule. In this scenario, the officer's decision to stop and search was justified by the suspects' actions, suggesting robbery preparation. The government's law enforcement interest here surpasses the minimal privacy infringement experienced by the suspects. The officer's pat-down was justified by ongoing safety concerns, reasonable belief of the suspects being armed, the search's limited nature to weapons, and the officer's safety interest prevailing over the suspects' privacy rights. The judgment is affirmed.

11) Terry v. Ohio, 392 U.S. 1 (1968) 판례 내용 중 관련된 부분을 간략히 요약함.

3) 자동차 수색 예외(Automobile exception)

Under the Fourth Amendment, police officers are not required to secure a search warrant to inspect a vehicle if they have probable cause to suspect it contains contraband or evidence linked to criminal behavior. This exception is rooted in the inherent mobility of vehicles and the practical difficulties in securing a warrant before a vehicle can be moved.

When probable cause exists, officers are permitted to search any area of the vehicle where they reasonably believe contraband or evidence might be found. This includes the trunk, glove compartments, and any locked containers within the vehicle that might conceal the items of interest.

Furthermore, this vehicle search exception allows for the examination of passengers' belongings found in the car that could feasibly contain the suspected items. The scope of this exception also extends to mobile homes.

수정헌법 제4조에 따르면, 경찰관들은 차량이 밀수품이나 범죄 행위와 관련된 증거를 포함하고 있다고 의심할 만한 상당한 이유(probable cause)가 있는 경우, 차량에 대한 수색 영장 없이 차량을 수색할 수 있다. 이 예외는 차량의 고유한 이동성, 차량이 이동하기 전에 영장을 확보하는 데 있어서의 현실적인 어려움, 그리고 사생활에 대한 낮은 기대에 근거를 두고 있다.

경찰관은 밀수품이나 증거물이 발견될 수 있다고 합리적으로 판단되는 차량의 모든 곳을 수색할 수 있다. 여기에는 트렁크, 차량의 용품함 및 차량 내에서 의심되는 것을 숨길 수 있는 보관함이 포함된다.

예 마약과 관련된 사건에서 경찰관이 운전자가 아닌 차량에 대해 상당한 이유(probable cause)를 갖게 된 경우, 운전자를 체포하지 않고 마약이나 마약과 관련된 돈이 있는 것으로 보여지는 물건들을 모두 수색하는 것은 영장이 없이 수색이 가능한 자동차 수색 예외(automobile exception)에 해당한다.

또한, 이 자동차 수색 예외는 의심되는 물건을 포함할 가능성이 있는 차량에서 발견된 승객의 소지품을 수색할 수 있게 해준다. 이 예외 조항의 적용 범위는 이동식 주택(mobility home)에도 적용된다.

상당한 이유에 근거하여 차량을 수색할 수 있도록 법 집행자에게 제공되는 이러한 유연성은 개인의 프라이버시권과 효과적인 법 집행의 실질적인 필요 사이의 균형을 반영하는 것이다.

Probable cause for searching a vehicle is limited to areas, containers, and compartments where the evidence could logically be stored. If the police have probable cause to search only containers, they are permitted to search just that container and not the entire vehicle.

차량을 수색하기 위한 상당한 이유는 증거가 논리적으로 보관될 수 있는 장소, 용기 및 용품함에 한정된다. 경찰이 용기만을 수색할 상당한 이유가 있는 경우이면 해당 용기만을 수색할 수 있으며 차량 전체를 수색할 수는 없다.

예 운전자가 동여맨 종이봉지를 들고 집을 떠난 경우, 경찰이 정보 제공자로부터 받은 정보를 기반으로 이 종이봉지에 마약이 포함되어 있다고 의심할 상당한 이유(probable cause)가 있었다. 그 종이봉지는 트렁크 안에 있었고 이때 경찰은 차량을 멈춘 후 트렁크를 열어 그 봉지를 영장 없이 수색할 권한이 있다. 그러나 수색은 봉지에만 한정되고, 차량의 다른 곳은 영장 없이 수색할 수 없다.

a. 구실적 정지(Pretextual stop)

Police can use a pretextual stop to investigate a potential law violation, even in the absence of reasonable suspicion, as long as they have probable cause to believe that the specific law prompting the vehicle stop was indeed violated.

경찰은 상당한 이유가 없는 상황에서도, 차량 정지를 유발한 특정 법률이 실제로 위반되었다고 믿을 만한 충분한 근거가 있다면, 잠재적인 법 위반을 조사하기 위해 구실적 정지(pretextual stop)를 사용할 수 있다.

예 비록 경찰이 운전자가 마약을 소지하고 있을 것이라는 직감(hunch)을 갖고 수색하기 위해 교통 위반을 구실(pretext)로 차량을 정지시켰다 하더라도, 불법 마약의 압수(seizure of illegal drugs)는 헌법에 부합한다.

b. 트렁크(trunk)

If the police have probable cause to search the trunk itself, not merely a container within the trunk, then they are authorized to search the entirety of the trunk and all containers found inside it, even if locked.

경찰이 트렁크 자체를 수색할 만한 상당한 이유를 갖고 있는 경우, 단지 트렁크 내의 용기(container)만이 아닌 트렁크 전체와 트렁크 안에서 발견되는 모든 용기를 수색할 권한이 있으며, 이는 잠긴 용기를 포함한다.

4) 명백한 시야(Plain view)

In scenarios where there's a reasonable expectation of privacy, such as within a suspect's residence, a police officer can seize an item that is in plain view, even if it wasn't listed in the search warrant or its discovery wasn't inadvertent. This is permissible as long as (i) the officer is lawfully present on the premises, and (ii) the item's incriminating nature is immediately apparent.

However, if the officer's presence on the premises isn't lawful, the plain view exception cannot be invoked.

> Items that are in public view can be seized by law enforcement without the need for a warrant, as there is no reasonable expectation of privacy for objects that are exposed to public view. Examples include a person's physical characteristics, vehicle identification numbers, or items located in open fields.

사생활에 대한 합리적인 기대가 있는 상황, 예를 들어 용의자의 주거지 내에서, 경찰관은 수색 영장에 명시되지 않았거나 그 발견이 우연이 아니더라도, 명백히 보이는 범위 내의 물건을 압수할 수 있다. 이는 (i) 경찰관이 합법적으로 그 장소에 존재하며, (ii) 물건의 범죄적 성격이 즉시 명백하게 인식될 수 있는 경우에 허용되는 것이다.

그러나, 경찰관이 그 장소에 있는 것이 법적으로 유효하지 않는 경우, 명백한 시야 예외는 적용될 수 없다.

예 경찰관이 살인에 사용된 것으로 의심되는 총기를 찾기 위해 피고인의 집을 수색하는 유효한 영장을 집행하던 중, 피고인의 커피 테이블 위에 쌓여 있는 것으로 보이는 코카인 봉지들을 발견했다. 명백한 시야 원칙에 따라, 경찰관은 영장에 총만 기재되었음에도 불구하고 적법하게 봉지들을 압수할 수 있다.

공공 장소에 노출된 물건들은 대중의 시야에 노출되어 있기 때문에 사생활에 대한 합리적인 기대가 없어, 법 집행 기관은 영장 없이도 이러한 물건들을 압수할 수 있다.

예 개인의 신체적 특징, 차량 식별 번호, 개방된 장소에 놓여진 물품 등

5) 동의(Consent)

a. 유효한 동의(valid consent)

Consent given to law enforcement can remove the requirement for probable cause and the necessity to secure a warrant before conducting a search.

The consent exception is applicable when someone with the authority to consent provides voluntary and intelligent consent for the search.

For the given permission to be considered valid consent, it must be voluntarily provided. Consent obtained through coercion, threats, or under duress is not deemed valid. Courts assess whether an individual's consent is valid by considering the totality of the circumstances in which the consent is given.

Permission given in acquiescence to what one believes to be lawful authority, such as responding to the claim of having a warrant, is not considered voluntary consent. Therefore, if a police officer incorrectly claims to possess a warrant and an individual consents to a search based on that assertion, such consent is not recognized as valid.

Police officers are not required to inform individuals of their right to refuse consent before obtaining the consent.

법 집행 기관 즉 경찰에게 주어진 동의는 수색을 실시하기 전에 상당한 이유(probable cause)와 영장을 확보할 필요성을 없앨 수 있다.

동의에 의한 영장의 예외 원칙이 적용되기 위해서는 동의를 하는 자가 동의할 권한을 갖고 있어야 하고, 동의를 할 때는 자발적이어야 하고 동의를 하는 자가 자신이 하는 동의가 어떤 것인지 이해(intelligent)를 하여야 한다.

유효한 동의로 간주되기 위해서는 동의가 자발적으로 제공되어야 한다. 강압이나 위협 또는 강요 하에 이루어진 동의는 유효한 것으로 간주되지 않는다. 법원은 동의의 유효성을 판단하기 위해 동의가 제공된 제반사정을 고려한다.

합법적인 권한을 가지고 있다고 믿게 만드는 상황에서의 응답, 즉 영장을 가지고 있다는 주장에 따라 주어진 허락은 자발적인 동의로 간주되지 않는다. 따라서, 경찰관이 영장을 소지하고 있다고 거짓으로 주장하고 개인이 경찰관의 주장에 근거하여 수색에 동의한 경우, 그러한 동의는 유효한 것으로 인정되지 않는다.

예 경찰관이 피고인의 집에 와서 영장이 있으니 수색해도 되냐고 물었을 때 동의를 해주었다. 그런데, 나중에 알고보니 경찰관이 가지고 있다고 했던 영장이 하자가 있는 것으로 밝혀진 경우 그 동의는 유효한 동의가 되지 않는다.

경찰관은 개인에게 동의를 거부할 권리가 있다는 것을 고지해 줄 의무는 없다. 따라서 동의를 거부할 권리는 알려주지 않고 동의를 받았더라도 그 동의는 유효하다.

b. 제3자의 동의(third-party consent)

When consent for a search is obtained from someone other than the defendant, the issue extends beyond the voluntariness of the consent. The authority of that individual to grant permission for the search becomes a critical factor to consider.

피고인이 아닌 다른 사람, 즉 제3자로부터 수색에 대한 동의를 얻은 경우에는 그 동의의 자발성에 추가적으로 동의의 유효성에 대한 문제가 발생할 수 있다. 이런 경우에는 동의를 하는 제3자가 공의를 할 권한을 갖고 있느냐가 중요한 고려 사항이 된다.

i. 제3자 소유의 재산(Property of a third party)

A third party has the right to consent to a search of property that she owns or occupies. Therefore, a defendant cannot argue for the suppression of evidence obtained during such a search on the basis that the defendant did not personally give consent for the search.

제3자는 자신이 소유하거나 점거하고 있는 재산에 대한 수색을 동의할 수 있는 권리가 있다. 따라서 피고인이 직접 수색에 대한 동의를 하지 않았다는 것을 근거로 이러한 수색 중에 얻은 증거의 배제를 주장할 수 없다.

ii. 피고의 재산(Property of the defendant)

In general, a third party lacks the authority to consent to a search of property that is owned or occupied by the defendant. As a result, the defendant has the right to suppress evidence gathered during such a search. However, there are exceptions to this rule, which include situations where:

1) There exists an agency relationship between the third party and the defendant, granting the third party the authority to consent on the defendant's behalf, or

2) The defendant has given the third-party rights concerning the property that imply the defendant accepts the risk of the third party consenting to a search.

일반적으로 제3자는 피고인이 소유하거나 점거하고 있는 재산의 수색에 대한 동의할 권한이 없다. 결과적으로 피고인은 그러한 수색 중에 수집된 증거를 배제할 권리가 있다.

그러나 이 규칙에는 다음과 같은 예외가 있다.

1) 제3자와 피고인 사이에 피고인을 대리하여 제3자에게 승낙할 권한을 부여하는 대리 관계(agency relationship)가 존재하는 경우

2) 피고인이 제3자가 수색에 동의할 수 있는 위험을 피고인이 수용한다는 것을 암시하는 권한을 제3자에게 부여한 경우

ⅲ. 공동 관리 재산(Jointly controlled property)

When the property subject to a search is jointly controlled by the defendant and a third party, such as co-tenants of an apartment or a house jointly owned by spouses, the ability of the third party to legally consent to a search turns on whether the defendant is present at the time of the search:

1) The defendant is present

If the defendant is present at the time of the search, the police cannot proceed based on the third party's consent alone. However, if the defendant is not present, a third party may still consent to a search, even if the defendant had previously been present and objected.

2) The defendant is not present

If the defendant is not present at the time of the search, the third party can grant consent for the search. The third-party possesses actual authority if he has joint access or control over the property for most purposes.

Furthermore, the third party's consent is considered valid even if he does not have actual authority, provided the police reasonably believe the third party has the authority to consent.

3) Ownership vs. Current Control

Ownership alone may not grant the right to consent to a search. For instance, landlords cannot consent to searches of their tenant's living spaces, nor can hotel clerks authorize searches of guest rooms.

4) Parental consent

Parents can consent to the search of a child's room within the family home, even if the child is an adult. However, the authority to consent might not extend to locked containers within the child's room, depending on the child's age and other factors related to the expectation of privacy.

피고인과 제3자가 공동으로 수색 대상 재산을 지배하는 경우(공동 소유의 아파트, 배우자와 공동으로 소유하는 집 등), 제3자가 수색에 대해 동의할 권한이 있느냐에 따라 결정된다.

1) 피고인이 있는 경우(the defendant is present)

수색 당시 피고인이 수색 대상 거주지에 있는 경우 경찰은 제3자의 동의만으로는 수색을 할 수 없다. 다만 피고인이 더 이상 거주지에 없는 경우에는 제3자가 동의를 할 수 있는 권한이 있다. 따라서 피고인이 있었을 때 피고인이 수색을 반대했었더라도 제3자가 동의를 한 경우에는 이 수색으로 경찰관이 얻은 증거에 대해 피고인이 배제를 구할 수 없다.

2) 피고인이 없는 경우(the defendant is not present)

수색 당시 피고인이 거주지에 없는 경우 제3자가 수색에 대한 동의를 할 수 있다. 제3자가 재산에 대한 대부분의 목적을 위하여 공동으로 접근하거나 통제할 수 있는 경우에는 실질적인 권한을 보유하고 있다. 나아가 경찰이 제3자에게 동의 권한이 있다고 합리적으로 믿었다면 제3자가 실질적인 권한이 없더라도 제3자의 동의는 유효하다고 본다.

3) 소유권 대 현재 지배권(Ownership vs. Current Control)

거주지에 대한 소유권만으로는 해당 거주지에 대한 수색에 동의할 수 없다.

> 예 임대인은 임차인의 거주 공간에 대한 수색에 동의할 수 없다. 같은 이유로 호텔 직원도 손님이 사용하고 있는 객실에 대한 수색을 동의할 권한이 없다.

4) 부모 동의(parental consent)

부모는 자녀가 성인이더라도 거주지 내에서 자녀의 방을 수색하는 것에 동의할 수 있다. 그러나 자녀의 나이 및 기타 사생활에 대한 기대와 관련된 요인에 따라 자녀의 방 안에 잠긴 물품함에는 동의 권한이 미치지 않을 수 있다.

6) 긴급추적 및 소멸증거(Hot Pursuit and Evanescent Evidence)

a. 긴급추적(Hot pursuit)

> If police have probable cause to suspect someone has committed a felony and are pursuing them to make an arrest, they are permitted to enter a private building as part of this pursuit and they may search the building and seize any evidence they find on the premises.
>
> However, hot pursuit does not apply when the pursuit involves someone suspected of committing a non-jailable traffic offense. In such cases, the hot-pursuit exception does not provide justification for entering private property without a warrant.

When law enforcement is engaged in a hot pursuit, which qualifies as an exigent circumstance, there are no other restrictions, such as geographic limitation. This means if the pursuit is continuous and immediate, officers can enter any premises, including private homes, to arrest the suspect.

경찰이 누군가가 중범죄를 저질렀다고 의심할 만한 상당한 이유가 있고 체포하기 위해 추적하고 있다면, 경찰이 이 추적의 일환으로 다른 개인의 건물에 들어가는 것이 허용되며 건물을 수색하고 건물에서 발견된 모든 증거를 압수할 수 있다.

그러나 긴급추적은 불법 교통 위반을 저지른 것으로 의심되는 사람과 관련된 경우에는 적용되지 않는다. 이러한 경우 긴급추적 예외는 영장 없이 사유지에 출입할 수 있는 정당성을 제공하지 않는다.

예 추적을 하는 경찰관이 중범죄를 저지르고 달아나는 자 보다 15분 뒤쳐져서 추적하는 것은 긴급추적에 해당하지 않는다.

예 경찰관에게 쫓겨 달아나는 중범죄자는 5층에 있는데, 다른 경찰관이 그 건물 지하에서 증거를 발견한 경우 이 증거는 인정된다.

b. 소멸증거(Evanescent Evidence)

A warrantless search is permissible in circumstances where there's a reasonable belief that waiting to obtain a warrant would lead to the imminent risk of evidence being destroyed, pose a danger to the safety of officers or the public, or if there's a strong likelihood that the suspect would escape before a warrant could be secured.

영장을 발부 받기 위해 기다리는 것이 증거인멸의 임박한 위험을 초래하거나, 경찰관이나 국민의 안전에 위험을 초래하거나, 영장이 확보되기 전에 피의자가 도주할 가능성이 큰 경우에는 영장 없는 수색이 허용된다.

이런 예외조항은 영장을 확보하는 데 걸리는 시간이 법 집행의 실효성을 떨어뜨리거나 국민의 안전을 해칠 우려가 있는 긴급한 상황을 해결하기 위한 것이다.

예 사람의 손톱 밑의 긁힌 자국, 알코올이 함유된 혈액 샘플 등

5. 행정수색(Administrative searches)

Certain administrative-type searches, often conducted for regulatory, health, safety, or other administrative purposes, can be conducted legally without a warrant:

1) Searches in Highly Regulated Industries

Businesses operating within industries subject to intense regulation, like liquor stores, gun shops, strip-mining operations, and automobile junkyards, may undergo warrantless searches. The rationale is based on the public's urgent interest in regulating these industries and the notion that by entering such fields, businesses implicitly consent to such oversight.

2) Inventory Searches

Items that are in official custody, for example, vehicles that have been impounded, can be searched without a warrant. These inventory searches are conducted to protect personal property, ensure officer safety, and prevent disputes about missing or damaged property.

3) Airplane Passenger Searches

Passengers entering an airplane boarding area may be searched as a security measure. These searches are deemed acceptable because passengers have the option to avoid the search by choosing not to board the airplane.

4) Routine International Border Searches

Individuals and their belongings can be searched without a warrant when entering the United States at international borders. These routine searches are justified by the sovereign authority of nations to control the entry and exit of goods and persons and to protect national security.

규제, 건강, 안전 또는 기타 행정 목적으로 수행되는 행정수색은 영장 없이 합법적으로 수행될 수 있다. 이러한 행정수색은 다음과 같은 경우이다.

1) 규제가 심한 산업에서의 수색(searches in highly regulated industries)

주류 판매점, 총기 판매점, 노천채굴 작업장, 자동차 폐차장 등 강력한 규제 대상 업종 내에서 영업하는 업체는 영장 없는 수색을 받을 수 있다. 그 근거는 이들 업종에 대한 규제에 대한 대중의 절박한 관심과 이들 분야에 진출함으로써 해당 업체가 묵시적으로 그러한 수색에 동의한다는 데 근거를 두고 있다.

2) 재고 수색(inventory searches)

압수된 차량과 같이 공식 보관 중인 물품은 영장 없이 수색이 가능하다. 이러한 재고 수색은 개인 재산을 보호하고 경찰관의 안전을 보장하며 누락되거나 손상된 재산에 대한 분쟁을 예방하기 위해 수행된다.

3) 항공기 승객 수색(airplane passenger searches)

비행기 탑승 구역에 들어오는 승객들은 보안 조치로 수색될 수 있다. 승객들은 비행기에 탑승하지 않기로 선택함으로써 수색을 피할 수 있는 선택권이 있기 때문에 이러한 수색은 허용되는 것으로 간주된다.

4) 통상적 국경 수색(routine international border searches)

국제 국경에서 미국에 입국할 때 영장 없이 개인과 그 소지품을 수색할 수 있다. 이러한 통상적 국경 수색은 국가가 주권자로서 국경을 들어오는 개인의 물품과 개인의 출입국을 통제하고 국가 안보를 보호하기 위해 정당화된다.

6. 도청(Wiretapping)

Wiretapping and any form of electronic surveillance that violates a person's reasonable expectation of privacy are considered searches under the Fourth Amendment.

To secure a warrant for authorizing wiretapping, law enforcement officials must meet several requirements to ensure the surveillance aligns with Fourth Amendment protections. Specifically, the warrant must:

1) Specify a limited duration for the wiretap to minimize the invasion of privacy;
2) Demonstrate probable cause, indicating that a particular crime has been committed or is about to occur;
3) Identify the individual or individuals to be wiretapped;
4) Describe with particularity the conversations to be overheard;
5) Include provisions for terminating the wiretap.

If an individual does not take steps to ensure their conversation remains private, they cannot claim a violation of their Fourth Amendment rights regarding that conversation.

개인의 사생활에 대한 합리적인 기대를 침해하는 도청과 모든 형태의 전자 감시는 수정헌법 제4조에 따른 수색으로 간주된다.

도청을 허가하기 위한 영장을 확보하기 위해, 법 집행관들은 도청이 수정헌법 제4조의 보호와 일치하는지를 확실히 하기 위해 몇 가지 요건들을 충족해야 한다.

영장은 구체적으로 다음의 요건을 충족해야 한다.

1) 개인 정보 침해를 최소화하기 위해 도청의 기간을 제한적으로 정해야 한다.
2) 특정 범죄가 발생하였거나 발생하기 직전임을 나타내는 상당한 이유를 보여주어야 한다.
3) 도청 대상 개인 또는 개인들을 특정해야 한다.
4) 도청할 대화를 구체적으로 설명해야 한다.
5) 도청 종료에 대한 사항을 포함해야 한다.

개인이 자신의 대화가 비공개로 유지되도록 조치를 취하지 않는 경우 해당 대화에 대한 수정헌법 제4조의 권리 침해를 주장할 수 없다.

C 강제증언에 대한 수정헌법 제5조의 특권 (The Fifth Amendment Privilege against Compelled Testimony)

1. 소개

The Fifth Amendment's protection against self-incrimination ensures that a person cannot be compelled to testify against himself in criminal proceedings.

Through the Fourteenth Amendment, this protection is not just a federal guarantee but is also extended to state-level criminal proceedings. It empowers individuals to refuse to answer questions or provide information that might incriminate them, thereby safeguarding against involuntary confessions and coercive interrogations.

수정헌법 제5조의 자기부죄에 대한 보호는 사람이 형사절차에서 자기에게 불리한 증언을 강요 받을 수 없도록 보장하고 있다.

수정헌법 제14조를 통해 이러한 보호는 단순히 연방정부 차원의 보장에 그치지 않고 주 차원의 형사절차까지 확대된다. 자기 부죄가 될 수 있는 질문에 대한 답변을 거부하거나 정보 제공을 거부할 수 있도록 하여 비자발적 자백과 강압적 신문으로부터 개인을 보호하는 것이다.

2. 주체(Person)

The privilege against self-incrimination applies specifically to individuals, not to artificial entities like corporations, partnerships, or labor unions. However, a sole proprietorship, being an unincorporated business owned and run by one individual, is an exception where the privilege can apply because the business is not legally separate from its owner.

자기부죄금지 특권은 법인, 동업자, 노동조합 등 인위적인 주체가 아닌 개인에게 적용된다. 그러나 개인이 소유하고 경영하는 비법인기업인 개인사업자는 그 사업주와 법적으로 분리되어 있지 않기 때문에 그 특권이 적용될 수 있다.

3. 증언 증거(Testimonial Evidence)

The privilege against self-incrimination protects only testimonial evidence, meaning evidence that communicates some statement of fact or belief by the individual. It does not extend to nontestimonial physical evidence, such as samples of blood or urine, results from a Breathalyzer test, examples of handwriting, or any other evidence that relates to physical characteristics of the individual.

It's against constitutional principles for a prosecutor to negatively comment on a defendant's decision not to testify or on the defendant's choice to remain silent after receiving a Miranda warning. When such an impermissible comment occurs, the courts apply the harmless error test to determine if the comment had a substantial impact on the outcome of the case.

자기부죄금지 특권은 오직 증언 증거만을 보호하는데, 증언 증거는 개인이 어떤 사실의 진술이나 믿음을 전달하는 증거를 의미한다. 따라서 증언이 아닌 혈액이나 소변의 샘플, 음주측정기 검사의 결과, 필적의 예 또는 개인의 신체적 특성과 관련된 기타 증거와 같은 물리적 증거에는 적용되지 않는다.

검사가 피고인이 증언하지 않기로 선택한 경우나 미란다 경고를 받고 침묵하기로 한 것에 대해 부정적으로 언급하는 것은 헌법 원리에 어긋난다. 이러한 허용되지 않는 부정적 언급이 발생하면 법원은 무해한 오류 테스트(harmless error test)를 적용해서 해당 언급이 사건의 결과에 실질적인 영향을 미쳤는지를 판단한다.

4. 면책(Immunity)

When the prosecution provides immunity to a witness, it has the authority to require the witness to give testimony that may be self-incriminating at trial or before a grand jury. This testimony, obtained under the condition of immunity, is then prohibited from being used against the witness in any subsequent prosecution, whether directly as evidence or indirectly to develop other evidence.

1) Transactional immunity

It is referred to as "blanket" or "total" immunity. It provides a witness with complete protection against future prosecution for crimes related to their testimony. This type of immunity ensures that a witness cannot be prosecuted for any crimes they discuss during their testimony.

2) Use and derivative-use immunity

It restricts the prosecution from using the witness's testimony, or any evidence directly stemming from that testimony, against the witness in any future prosecution. The Supreme Court has held that offering "use and derivative-use" immunity satisfies constitutional requirements for compelling a witness to testify.

3) Federal and state immunity

Testimony given under immunity in one jurisdiction cannot be used in prosecutions by another jurisdiction within the United States. For example, if a witness is granted immunity by a state, that immunity would also prevent the federal government from using the testimony in its proceedings against the witness.

검찰이 증인에게 면책을 제공할 때는 재판이나 대배심에서 증인에게 자기 죄를 인정할 수 있는 증언을 하도록 요구할 권한이 있다. 면책의 조건하에 얻은 이 증언은 이후의 어떤 기소에서도 증인에게 불리하게 사용되는 것이 금지되는데, 이 증언은 직접 증거로 사용하든 간접적으로 다른 증거를 얻기 위해 사용되는 것이든 모두 금지된다.

1) 업무면책(transactional immunity)

이 면책은 전면적 또는 완전한 면책이라고 불리운다. 그것은 증인에게 그들의 증언과 관련된 범죄에 대해 미래의 기소로부터 완전한 보호를 제공한다. 이러한 유형의 면책은 증인이 증언하는 동안 논의하는 어떤 범죄에도 기소될 수 없도록 보장한다.

2) 사용 및 파생 사용 면책(use and derivative-use immunity)

이 면책은 검찰이 증인의 증언 또는 그 증언에서 직접적으로 나오는 증거를 향후 어떤 기소에서도 증인에 대해 사용하는 것을 제한한다. 연방대법원은 사용 및 파생 사용 면책을 제공하는 것이 증인이 증언하도록 강제하기 위한 헌법적 요건을 충족한다고 하였다.

3) 연방 및 주의 면책(federal and state immunity)

한 관할권에서 면책 하에 주어지는 증언은 미국 내 다른 관할권의 기소에 사용될 수 없다.

예 증인이 주로부터 면책을 부여받는다면, 그 면책은 연방 정부가 증인에 대한 절차에서 해당 증언을 사용하는 것을 금지하게 된다.

IV | 자백(Confession)

A 미란다 고지(Miranda Warning)

The Miranda warning is a constitutional requirement that police officers are required to inform an individual who is in custody of their rights before conducting any interrogation.[12)]

Law enforcement officials are required to notify defendants of the following:

1) The right to remain silent to avoid self-incrimination;
2) Anything said can be used against him in court;
3) The right to consult with an attorney before speaking to the police and to have an attorney present during interrogation; and
4) If he cannot afford an attorney, one will be appointed to represent him.

미란다 고지(Mirand warning)는 경찰관이 신문을 하기 전에 구속된 사람에게 그들의 권리를 알리도록 요구하는 헌법적인 요건이다.

법 집행 공무원은 피고인에게 다음 사항을 고지해야 한다.

1) 자기 부죄를 피하기 위한 묵비권
2) 어떤 말이라도 법정에서 불리하게 사용될 수 있다는 점
3) 경찰에 진술하기 전에 변호인과 협의하고 신문 중에 변호인을 출석시킬 수 있는 권리가 있다는 점
4) 변호사를 선임할 수 없는 경우 변호사가 선임될 수 있다는 점

12) Miranda v. Arizona, 384 U.S. 436 (1966)

미란다 고지는 개인이 강제적인 자기 부죄(compulsory self-incrimination)로부터 보호받아야 한다는 원칙을 구체화한 미국 형사 절차의 원칙이다. 피의자가 자신의 권리를 인지하고 그러한 권리를 포기하고 법 집행관에게 이야기하는 모든 결정이 그들에게 제공되는 법적 보호에 대한 충분한 지식을 가지고 이루어질 수 있도록 보장하는 것이다.

B 구속적 신문(Custodial Interrogation)

Custodial interrogation refers to the questioning initiated by law enforcement officers directed at a person who has been taken into custody.

구속적 신문은 법 집행관 즉 경찰관이 구속된 자에게 질문을 하는 것이다.

1. 구속(Custody)

A person must be in custody for there to be a requirement for law enforcement to give a Miranda warning before interrogation.

A person is considered to be in custody when he is not free to leave or when his freedom is significantly restricted in any significant way. The standard used to determine if someone is in custody is based on the perspective of a reasonable person: if a reasonable person in the same situation believes that he is not free to leave, then the person is deemed to be in custody.

Routine traffic stops are generally not regarded as custodial situations because they are usually brief and temporary, not significantly restricting a person's freedom to the extent that they would believe they are not free to leave. However, situations involving suspected drunk driving do not fall into the category of routine traffic stops due to the potential for arrest and more extensive detention.

Probation interviews are not considered custodial settings, which means that individuals in such situations can be asked questions by police or probation officers, and their responses can be admitted into evidence without the need for Miranda warnings.

경찰관의 신문 전에 미란다 고지를 받아야 할 필요가 있기 위해서는 개인이 구속적 상황에 있어야 한다.

사람이 자유롭지 못하거나 자유가 현저히 제한될 때 구속된 것으로 간주된다. 구속적 상황에 있게 되었는지 여부를 판단하는 기준은 합리적인 사람을 기준으로 결정하는데, 같은 상황에 있는 합리적인 사람이 자유롭지 않다고 믿으면 구속된 것으로 간주하는 것이다.

예 A가 자발적으로 경찰서에 가서 범죄에 대해 이야기를 한다. 경찰서에 도착하자마자, 경찰관이 A에게 언제든지 떠날 수 있고 체포된 것은 아니라고 알려주었다. A가 경찰서에서 경찰과 이야기하고 있지만, 모든 제반사정(the totality of circumstances)을 볼 때 A는 구속되고 있다고 볼 수 없으며 따라서 미란다 고지는 적용되지 않는다.

통상적인 교통정지(routine traffic stop)는 일반적으로 짧은 시간 동안 이루어지고 일시적인 것이라 자유롭지 못하다고 믿을 정도로 사람의 자유를 크게 제한하지 않기 때문에 구속적인 상황으로 간주되지 않는다. 그러나 음주운전이 의심되는 상황에서 하는 정지는 체포 가능성과 더 광범위한 구속 가능성으로 인해 통상적인 교통정지의 범주에 포함되지 않는다.

보호관찰 인터뷰(probation interviews)는 구속적 상황으로 간주되지 않으며, 이는 그러한 상황에 처한 개인이 경찰이나 보호관찰관에 의해 질문을 받을 수 있다는 의미이며, 그의 답변은 미란다 경고 없이 증거로 인정될 수 있음을 의미한다.

2. 신문(Interrogation)

Interrogation refers not only to express questioning but also to include any words or actions by police officers that they know or should know are likely to elicit an incriminating response from the individual.

Volunteered statements do not fall under the protection of Miranda rights since they are not the product of interrogation. The voluntariness of a confession hinges on the absence of police coercion, and the determination of whether a confession was voluntarily made involves considering the totality of circumstances. This includes evaluating the nature of the police conduct, the defendant's characteristics, and the time of the statement.

The responsibility to decide if a confession was involuntary, and therefore should be excluded from evidence, rests with the trial judge as a preliminary matter of fact, not with the jury.

신문은 경찰이 명시적으로 질문하는 것뿐만 아니라, 경찰이 알고 있거나 알아야 할, 범죄에 대한 자백이나 부정적인 반응을 유도할 가능성이 있는 모든 말이나 행동을 포함한다.

자발적으로 한 진술은 신문의 결과가 아니기 때문에 미란다 권리의 보호를 받지 않는다. 자백의 자발성은 경찰의 강압이 없는 상황에 달려 있으며, 자백이 자발적으로 이루어졌는지의 여부는 제반사정을 고려하여 결정을 한다. 이는 경찰의 행동, 피고인의 특성, 그리고 진술의 시간을 고려하여 평가하는 것을 포함한다.

자백이 강제된 것이라고 결정하고, 따라서 증거에서 배제해야 할 사항은 예비적 사실 문제로서 재판을 하는 판사의 책임이며 배심원이 결정할 사항이 아니다.

C 미란다 권리의 포기(Waiver of Miranda Rights)

A defendant may knowingly and voluntarily waive his Miranda rights. It falls upon the government to prove, by a preponderance of the evidence, that such a waiver was made knowingly and voluntarily. The defendant doesn't have to sign on written form for the waiver. The presence of a defendant's mental illness does not automatically undermine the voluntariness of the waiver.

For a confession to be deemed involuntary, there must be evidence of coercive activity by the police. The evaluation of voluntariness takes into account the entire context of how the waiver was obtained, including the defendant's understanding and awareness of their rights at the time of the waiver.

An effective waiver of Miranda rights cannot occur unless the Miranda warnings have been properly given. Silence or shoulder shrugging does not constitute a waiver of his Miranda rights. However, if a suspect has been given and understands the Miranda warnings and does not explicitly invoke the rights, then choosing to speak to the police and making an uncoerced statement can be seen as a waiver of the right to remain silent.

피고인은 자신의 미란다 권리를 알면서 자발적으로 포기할 수 있다. 그러한 포기가 알면서 자발적으로 이루어졌다는 것을 입증할 책임은 정부에게 있다. 피고인이 포기를 위해 서면에 서명할 필요가 없다. 피고에게 정신 질환이 있다고 해서 자동적으로 포기의 자발성이 손상되는 것은 아니다.

자백이 비자발적이라고 보기 위해서는 경찰에 의한 강압적 행위의 증거가 있어야 한다. 자발성의 평가는 포기 당시 피고인의 권리에 대한 이해와 인식 등 포기가 어떻게 이루어졌는지에 대한 전체 맥락을 고려한다.

미란다 고지가 제대로 주어지지 않으면 미란다 권리의 실질적인 포기는 일어날 수 없다. 침묵이나 어깨의 으쓱거림은 미란다 권리의 포기에 해당하지 않는다. 그러나 피고인이 미란다 고지를 받고 이해하고 있으면서 권리를 명시적으로 행사하지 않는다면 경찰에 진술하기로 결정하고 강압적이지 않은 상황에서 진술을 하는 것은 묵비권의 포기로 볼 수 있다.

D 미란다 고지의 예외(Exceptions to the Miranda Warning)

There are specific exceptions to the Miranda requirement where warnings are not necessary before questioning a suspect:

1) Public Safety Exception

If there is an immediate and significant risk to public safety, police officers may question a suspect without first issuing Miranda warnings. This exception is designed to allow officers to quickly obtain information that could prevent harm to others, such as the location of a weapon.

2) Routine Booking Questions

During the booking process, police are permitted to ask routine biographical questions (such as name, address, and birthdate) without providing Miranda warnings.

3) Undercover Police

If a suspect is unaware that they are speaking with a law enforcement officer - such as during interactions with undercover police - Miranda warnings are not required. Since the suspect does not know they are engaging with the police, the coercive pressure that Miranda is designed to mitigate is not present.

피의자 신문을 하기 전에 미란다 고지가 필요하지 않은 미란다 요건에 대한 다음과 같은 예외가 있다.

1) 공공의 안전 예외(public safety exception)

공공의 안전에 즉각적이고 중대한 위험이 있는 경우 경찰관은 먼저 미란다 경고를 하지 않고 용의자를 신문할 수 있다. 이 예외는 경찰관이 무기의 위치와 같이 다른 사람에게 해를 끼칠 수 있는 정보를 신속하게 얻을 수 있도록 하기 위한 것이다.

2) 통상적 신원 확인 질문(routine booking questions)

통상적 신원 확인 질문을 하는 경우 경찰은 미란다 고지를 제공하지 않고 통상적인 인적사항에 대한 질문(예: 이름, 주소, 생년월일)을 할 수 있다.

3) 잠복 경찰(undercover police)

만약 피의자가 잠복 경찰과 만나는 등 법 집행관과 이야기하고 있다는 것을 모른다면, 미란다 경고는 필요하지 않다. 피의자는 자신이 경찰과 대화하고 있다는 것을 모르기 때문에, 미란다 고지를 통해 완화하려는 강압적인 압력이 존재하지 않기 때문이다.

예 경찰이 범죄자 행세를 하는 잠복 경찰관을 피고인의 감방에 잠입시켰고, 잠복 경찰관은 피고인이 의심을 받고 있는 범죄의 세부 사항에 대한 정보를 얻기 위해 피고인과 대화를 하였다. 이 대화를 통하여 얻은 진술은 미란다 고지가 없었더라도 허용될 수 있다.

Miranda v. Arizona[13)]

United States Supreme Court (1966)

Facts:

Ernesto Miranda was taken into custody and confessed to kidnapping and rape after being questioned by Arizona police, who failed to advise Miranda of his right to counsel. Miranda, who had a mental illness, was subsequently convicted based on his confession. Similarly, Michael Vignera and Carl Westover also made confessions under custody without being informed of their rights, leading to affirmed convictions. However, the Supreme Court of California overturned Roy Allen Stewart's conviction due to the lack of record on whether he was informed of his rights. Considering these cases, the U.S. Supreme Court decided to establish what procedures must be in place during custodial interrogation to protect the Fifth Amendment right against self-incrimination. The Court held that without certain hallmark warnings regarding the right to remain silent and the right to counsel, statements made during custodial interrogation were inadmissible at trial.

Holding:

If specific warnings about the right to silence and legal counsel are not provided during a custodial interrogation, any statements made are not permissible in court. Custodial interrogation involves questioning by police of an individual who is arrested or deprived of freedom significantly. This situation is inherently coercive, isolating suspects and making them vulnerable to intimidation within a controlled, adversarial setting. In the cases considered, such intimidation risks were evident; Miranda had a mental illness, and Stewart was a school dropout. To mitigate this pressure, the Constitution mandates certain safeguards before questioning in custody: individuals must be informed of their silence right, that their statements

13) Miranda v. Arizona, 384 U.S. 436 (1966) 판례 내용 중 관련된 부분을 간략히 요약함.

can be used against them, their right to an attorney, and that an attorney will be provided if they cannot afford one. Waiving these rights must be voluntary, and interrogation must cease if the individual decides not to answer further questions. Speaking on some questions doesn't waive the right to later seek an attorney or stop answering. The admissions from Miranda, Vignera, and Westover were ruled inadmissible due to the absence of these warnings. The convictions of Miranda, Vignera, and Westover are reversed, and the California Supreme Court's reversal of Stewart's conviction is affirmed.

E 변호인 조력권(Right to Counsel)

1. 수정헌법 제5조(The Fifth Amendment)

The right to counsel under the Fifth Amendment, as protected during custodial interrogation, differs from the right to counsel under the Sixth Amendment. Under the Fifth Amendment, the right to have counsel present during questioning is not automatic.

To invoke this right, a defendant must specifically and unequivocally request counsel. Ambiguous or equivocal statements about wanting a lawyer do not obligate police officers to end the interrogation or seek clarification.

If a suspect does make a specific and unambiguous request for counsel, all questioning must cease until an attorney is present. However, if the defendant voluntarily initiates communication with the police after invoking this right, any statement the defendant makes, such as a statement that the defendant spontaneously blurts out, can be admissible because it is not made in response to interrogation, even if no lawyer is present.

Moreover, if a suspect who has invoked their Fifth Amendment right to counsel experiences a break in custody of 14 days or more - such as being released back into the general prison population - the defendant must again receive fresh Miranda warnings.

수정헌법 제5조에 의한 변호인 조력권은 구속적 신문 중에 보호되는 것으로서 수정헌법 제6조에 의한 변호인 조력권과는 차이가 있다. 수정헌법 제5조에 의한 신문 중에 변호인을 출석시킬 권리는 자동적으로 발생하지 않는다.

이 권리를 주장하기 위해서는 피고인이 구체적이고 명확하게 변호인을 요청해야 한다. 변호인을 원한다 라는 점을 애매모호하게 하거나 명확하게 말하지 않는 경우 경찰관은 신문을 종료하는 것이 요구되지 않고 또한 피고인이 변호인을 정말 원하는 것인지를 확인하는 것도 요구되지 않는다.

피의자가 구체적이고 명확한 진술을 한 경우에는 경찰관은 변호인이 출석할 때까지 모든 신문을 중단해야 한다. 그러나 피고인이 이 권리를 주장한 후 자발적으로 경찰과 대화를 시작한 경우에는 변호인이 출석하지 않더라도 신문에 응하여 한 것이 아니기 때문에 피고인이 자발적으로 불쑥 내뱉는 진술 등 피고인이 한 진술은 모두 인정될 수 있다.

수정헌법 제5조의 변호인 조력권을 주장한 피의자가 14일 이상의 구속적 상황이 중단된 경우 피의자는 다시 새로운 미란다 고지를 받아야 한다.

2. 수정헌법 제6조(The Sixth Amendment)

The right to assistance of counsel, as guaranteed by the Sixth Amendment to the U.S. Constitution, includes both the right to retain private counsel and the right to have counsel appointed at no cost for defendants who are financially unable to hire their own lawyer.

미국 수정헌법 제6조에 의해 보장된 변호인 조력권은 개인이 자신의 변호인을 선임할 수 있는 권리와 재정적으로 자신의 변호인을 고용할 수 없는 피고인이 선임 비용 없이 변호인을 가질 수 있는 권리를 모두 포함한다.

이것은 재정 상태에 관계없이 모든 피고인이 형사 절차에서 법률 대리를 받을 수 있도록 보장하여 사법 절차의 공정성과 무결성을 보호하기 위한 것이다.

a. 적용시기(Time of Application)

Apart from invoking the right to counsel upon hearing Miranda warnings, which pertains to the Fifth Amendment, any other invocation of the right to counsel relates to the Sixth Amendment.

The Sixth Amendment right to counsel becomes applicable at all critical stages of the prosecution process, starting from the moment formal proceedings are initiated by the State with an indictment or formal charge. This ensures that the defendant has legal representation during all phases of the court proceedings that could significantly impact the outcome of the case.

Typically, the Sixth Amendment right to counsel attaches at the following critical stages:

1) Post-indictment lineups and identifications;
2) Post-indictment interrogations;
3) Arraignment and preliminary hearing to determine probable cause to prosecute;
4) Plea bargaining, guilty pleas, and sentencing; and
5) Appeals as a matter of right.

In general, the right to counsel does not apply to the following stages:

1) A witness viewing photos of the alleged defendant;
2) Pre-charge (investigative) lineups;
3) Taking of fingerprints, handwriting exemplars, voice exemplars, or blood samples;
4) Hearings to determine probable cause to detain the defendant (Gerstein hearing);
5) Discretionary appeals; and
6) Post-conviction proceedings, such as parole or probation hearings (including habeas corpus).

수정헌법 제5조의 미란다 고지에 따른 변호인 조력권을 제외한 변호인 조력권은 수정헌법 제6조에 따른 변호인 조력권이다.

수정헌법 제6조의 변호인 조력권은 기소(indictment) 또는 정식 혐의로 국가에 의해 정식 절차가 개시되는 순간부터 자동으로 발생한다.

이것은 피고인이 공소에 대한 방어와 사건의 결과에 중대한 영향을 미칠 수 있는 모든 단계의 법정 대리권을 보장하는 것이다.

일반적으로 수정헌법 제6조의 변호인 조력권은 다음과 같은 중요한 단계에서 적용된다.

1) Post-indictment lineups and identifications;
2) Post-indictment interrogations;
3) Arraignment and preliminary hearing to determine probable cause to prosecute;
4) Plea bargaining, guilty pleas, and sentencing; and
5) Appeals as a matter of right.

일반적으로 다음 단계에서는 변호인 조력권이 적용되지 않는다.

1) A witness viewing photos of the alleged defendant;
2) Pre-charge (investigative) lineups;
3) Taking of fingerprints, handwriting exemplars, voice exemplars, or blood samples;
4) Hearings to determine probable cause to detain the defendant (Gerstein hearing);
5) Discretionary appeals; and
6) Post-conviction proceedings, such as parole or probation hearings (including habeas corpus).

b. 사건특정성(Offense-Specific)

Once the Sixth Amendment right to counsel has been invoked following formal charges or proceedings, it is specifically tied to the offense involved in those proceedings.

This means that the right to legal representation under the Sixth Amendment is offense-specific, applying exclusively to the case for which the defendant is being prosecuted and for which the counsel was appointed or hired. The protection does not automatically extend to other, unrelated criminal matters that the defendant might be facing unless the right to counsel is separately invoked for those matters as well. The attorney serves only for the case in which he is appointed or hired.

수정헌법 제6조의 변호인 조력권이 공식적인 혐의 또는 절차에서 적용되면, 이는 해당 절차에 관련된 불법 행위와 관련이 있다.

이는 수정헌법 제6조에 따른 변호인 조력권은 피고인이 기소되고 있고 변호인이 선임되거나 고용된 특정 사건에만 적용되는 것을 의미한다. 따라서 피고인이 직면하고 있지 않는 다른 범죄에 변호인 조력권이 자동적으로 적용되지는 않는 것이다.

즉, 피고인의 특정 사건과 관련하여 변호사가 임명되거나 고용된 경우, 피고인은 해당 특정 사건에 대해서만 해당 변호사로부터 조력을 받을 수 있는 것이다.

c. 변호인의 무능력 조력(Ineffective Assistance of Counsel)

The right to counsel includes the right to be assisted by a reasonably competent attorney.

To have a conviction overturned due to ineffective assistance of counsel, the individual must prove two things:

1) The attorney's performance fell below an objective standard of reasonableness; and
2) The inadequate representation by the attorney had a detrimental effect, resulting in an unreliable or fundamentally unfair outcome in the proceeding.

An attorney's lack of experience, strategic decisions, selection of issues for appeal, or even failure to present mitigating evidence have been deemed not to constitute ineffective counsel.

변호인 조력권에는 합리적으로 유능한 변호사의 조력을 받을 권리가 포함된다.

변호인의 무능력 조력으로 유죄판결이 번복되기 위해서는 다음 두 가지가 입증되어야 한다.

1) 변호인의 업무수행능력이 객관적인 합리성 기준에 미달한다.
2) 변호인의 무능력 조력은 재판에 불리한 영향을 미쳐 신뢰할 수 없거나 근본적으로 부당한 결과를 초래하였다.

변호사의 경험 부족, 전략적 결정, 항소를 위한 쟁점의 제시 실패, 심지어 완화적 증거의 제시 실패는 변호인의 무능력 조력에 해당하지 않는 것으로 본다.

V | 재판 전 절차(Pretrial Procedures)

A 증인 신원확인 절차(Eyewitness Identification Procedures)

1. 직접 신원확인(Corporeal identifications)

Corporeal identifications involve in-person lineups where a witness or victim is asked to identify the suspect from a group of individuals who are physically present. This approach depends on the witness's ability to recognize the suspect through direct observation.

A defendant has the right to have counsel present at any post-indictment lineup where the defendant is required to participate. If a lineup happens after the indictment and before the trial without the defendant's lawyer present, any testimony about this identification is not allowed in court.

However, if the prosecution can prove the witness's identification of the defendant at trial is based on independent reliability, the witness can still identify the defendant during the trial. The right to counsel does not apply to any pre-indictment eyewitness identification.

직접 신원확인은 증인이나 피해자가 직접 용의자들을 앞에서 보고 신원을 확인하는 것을 말한다. 이 접근 방식은 직접 관찰을 통해 용의자를 인식하는 것으로 증인의 식별 능력에 의존한다.

피고인은 피고인의 참여가 요구되는 모든 기소 후 라인업(lineup)에서 변호인을 출석시킬 권리가 있다. 기소 후 및 재판 전 라인업의 경우 피고인의 변호인이 출석하지 않은 상태에서 이 라인업이 진행되는 경우, 이 신원확인에 관한 어떠한 증언도 법정에서 인정되지 않는다.

그러나 검찰이 증인의 재판에서의 피고인 신원확인이 독자적인 신뢰성에 기초한다는 것을 증명할 수 있다면, 증인은 재판 중에도 피고인의 신원확인을 할 수 있다. 기소 전 목격자의 신원확인에는 변호인 조력권이 적용되지 않는다.

2. 간접적 신원확인(Non-corporeal identifications)

Non-corporeal identifications do not involve in-person. Instead, these identifications are made through indirect means, such as photo arrays, where witnesses are shown photographs rather than the actual persons. Non-corporeal methods can also include other forms of evidence like sketches, voice recordings, or any other medium that doesn't require the suspect's physical presence for the identification process.

During both pre- and post-indictment photo arrays, there is no right to counsel. The defendant may file a motion to suppress, arguing that it was suggestively conducted.

간접적 신원확인은 직접 용의자를 보면서 신원확인을 하는 것이 아니다. 대신, 증인에게 용의자의 사진을 보여주는 사진 배열(photo array)과 같은 간접적인 수단을 통해 이루어진다. 간접적 신원확인의 방법은 스케치, 음성 녹음 또는 신원확인 과정에 용의자를 면전에서 직접 보는 것이 아닌 다른 형태의 방법으로 진행된다.

기소 전과 기소 후의 사진배열을 통한 확인 과정에서 변호인 조력권은 주어지지 않는다. 피고인은 간접적 신원확인이 암시적으로 행해졌다며 증거 배제 신청을 제기할 수 있다.

3. 재판 전 신원확인에 대한 이의제기(Basis to attack pre-trial identification)

a. 변호인 조력권 부정(Denial of right to counsel)

Denying a defendant's right to counsel in a case serves as a substantive basis for challenging pretrial identification, based on the Sixth Amendment right to counsel.

The right to counsel arises during post-charge line-ups (where suspects are lined up for identification) and show-ups (one-on-one identifications).

However, showing photographs of victims or suspects to witnesses does not trigger the right to counsel.

수정헌법 제6조에 근거한 피고인의 변호인 조력권을 부정하는 것은 재판 전 신원확인에 이의 제기를 하는 실질적인 근거가 된다.

변호인 조력권은 기소 후 라인업(피의자가 신원확인을 위해 줄을 서는 경우) 및 쇼업(일대일 신원확인) 과정에서 발생한다.

그러나 피해자나 용의자의 사진을 증인에게 보여주는 경우에는 변호인 조력권이 발생하지 않는다.

b. 적법절차 부정(Denial of Due Process)

When pretrial identification methods are unnecessarily suggestive and so substantially increase the risk of misidentification, they deny the Due Process of law.

재판 전 신원확인 방법이 불필요하게 암시적이어서 오인의 위험을 실질적으로 높이는 경우 적법절차를 부정하는 것이다.

예 피해자가 가해자를 백인으로 묘사하고 피고인이 사후 기소 라인업에 있는 유일한 백인인 경우, 이러한 접근 방식은 불필요하게 암시적인 것으로 간주된다.

c. 구제(Remedy)

The remedy for an unconstitutional identification is to exclude the in-court identification.

However, the defendant will not receive this remedy if the state can defeat the claim for exclusion by demonstrating an independent source for the in-court identification.

헌법에 반하는 신원확인에 대한 구제 수단은 법정에서 신원확인이 제시되는 것을 배제하는 것이다.

그러나 국가가 법정 내 신원확인에 대한 독립적인 출처를 입증해서 신원확인 배제 청구를 반박할 수 있다면 피고인은 이 구제를 받지 못할 것이다.

예 피해자가 범행 당시 피고인을 관찰할 수 있는 충분한 기회를 가졌다는 것을 증명함으로써 이를 보여줄 수 있는데, 일반적인 방법은 피해자가 법정에서 증언(testimony)을 통해 하는 것이다.

B 사전심리절차(Preliminary Hearing)

Under the Fourth Amendment, there must be a preliminary hearing following the defendant's arrest to determine if probable cause exists to detain the defendant unless probable cause was already established before the arrest through a grand jury indictment or a judge issuing an arrest warrant.[14)]

The hearing, referred to as a Gerstein hearing, does not have to be adversarial. At this hearing, there is no right to counsel, and hearsay evidence can be introduced.

However, if the hearing is not conducted within 48 hours following the arrest, it is generally considered unreasonable. Nonetheless, the absence of this hearing does not influence the defendant's prosecution for the offense charged, except for the exclusion of any evidence found as a result of the unlawful detainment.

Under the Fifth Amendment, all felony charges at the federal level must be indicted by a federal grand jury, unless the defendant chooses to waive this right.

수정헌법 제4조에 따라 대배심 기소 또는 판사의 체포 영장 발부를 통해 구속 전에 이미 상당한 이유가 확정되지 않은 이상 피고인을 구금할 수 있는 상당한 이유가 존재하는지를 판단하기 위하여 피고인의 구속 후 사전심리가 있어야 한다.

사전심리절차는 게르슈타인 심리(Gerstein hearing)라고 불리운다. 이 심리절차에서는 반드시 당사자 주의(adversarial system)가 적용되지 않는다. 이 심리에서는 변호인 조력권이 없고 전문증거(hearsay)도 인정될 수 있다.

14) Gerstein v. Pugh, 420 U.S. 103 (1975)

다만, 체포 후 48시간 이내에 심리가 이루어지지 않을 경우에는 일반적으로 불합리하다고 판단된다. 그럼에도 불구하고, 불법한 구금의 결과로 발견된 증거를 제외하고는, 이 심리의 불출석은 피고인의 공소에 영향을 미치지 않는다.

수정헌법 제5조에 따르면, 피고인이 이 권리를 포기하기로 결정하지 않는 한, 연방 차원의 모든 중범죄(felony) 혐의는 연방 대배심원단에 의해 기소되어야 한다.

C 최초출석(Initial Appearance)

Shortly following the defendant's arrest, the defendant is required to appear before a judge. During this initial appearance, the judge informs the defendant about the charges filed, explains the defendant's rights, and, if the defendant cannot afford an attorney, appoints a counsel.

This appearance may coincide with a Gerstein hearing. At this time, the judge also decides whether the defendant can be released before the trial and establishes any conditions for such release, such as setting bail.

피고인의 체포 직후 피고인은 판사 앞에 출석해야 한다. 이 최초출석 중에 판사는 피고인에게 제기된 혐의에 대해 알리고 피고인의 권리를 설명하며 피고인이 변호인을 선임할 경제적 능력이 없으면 변호인을 선임해 준다.

이러한 최초출석은 게르슈타인 심리와 같이 진행될 수 있다. 이때 판사는 피고인이 재판 전에 석방될 수 있는지 여부를 결정하고 보석을 설정하는 등 그러한 석방을 위한 조건도 설정한다.

D 기소 인부(Arraignment)

During an arraignment, the defendant is officially informed by the court about the specific charges brought against them. The court then seeks the defendant's response to these charges.

If the defendant cannot afford a counsel, the court may appoint a lawyer to represent him. The processes of informing the defendant of the charges and appointing counsel for those unable to afford one may also occur during the defendant's initial appearance.

기소 인부 중에 피고인은 자신에게 제기된 구체적인 혐의에 대해 법원에 의해 공식적으로 고지된다. 그런 다음 법원은 이러한 혐의에 대한 피고인의 답변을 구하게 된다.

피고인이 변호인을 선임할 여력이 없는 경우 법원은 그를 대리할 변호인을 선임할 수 있다. 피고인에게 혐의를 알리고 변호인을 선임하는 과정은 피고인의 최초 출석 동안에도 발생할 수 있다.

E 보석(Bail)

While the Constitution does not explicitly guarantee the right to bail, any decision to deny bail must adhere to the Due Process Clause. Thus, excessively high bail amounts or the outright denial of bail can be challenged through immediate appeal.

Moreover, bail that exceeds what is reasonably necessary to guarantee the defendant's attendance at trial is considered "excessive" according to the Eighth Amendment.

헌법이 보석권(right to bail)을 명시적으로 보장하고 있지는 않지만, 보석을 거부하는 모든 결정은 적법절차 조항을 따라야 한다. 지나치게 높은 보석 금액이나 보석의 전면적인 거부는 즉시 항소를 통해 이의를 제기할 수 있다.

또한 수정헌법 제8조에 따르면 피고인의 재판 출석을 보장하기 위해 합리적으로 필요한 것을 초과하는 보석은 과도한(excessive) 것으로 간주된다.

F 대배심(Grand Juries)

1. 소개

After hearing the evidence presented by the prosecution, the grand jury decides whether there is probable cause to charge a defendant for a particular crime. If they determine there is, they issue a "true bill" of indictment.

This process of formal charging is required by the Fifth Amendment in the federal system for felony charges and is adopted by most eastern states.

However, a state is not constitutionally obligated to use this method, as the Fifth Amendment's Grand Jury Clause has not been extended to the states by the Fourteenth Amendment. In most western states, the charging process is initiated by having a prosecutor file an "information."

검찰이 제시한 증거를 심리한 후, 대배심은 특정 범죄에 대해 피고인을 기소할 상당한 이유가 있는지 여부를 결정한다. 상당한 이유가 있다고 결정하면, 대배심은 true bill을 발급한다.

이러한 정식 기소 절차는 연방 수정헌법 제5조에 의해 중범죄 혐의에 대해 요구되며 대부분의 동부 주들이 채택하고 있다.

그러나 수정헌법 제5조의 대배심 조항이 수정헌법 제14조에 의해 주들에 적용되지 않기 때문에 주들은 이 방법을 사용할 헌법적 의무가 없다. 대부분의 서부 주들에서는 검사의 기소(information)를 제출하도록 함으로써 기소 절차가 시작된다.

2. 대배심의 역할(Grand jury's role)

The grand jury possesses the authority to issue subpoenas for the purpose of investigating issues under its consideration or to begin criminal proceedings.

A grand jury is allowed to consider evidence that might not be permissible during a trial. A witness or defendant cannot challenge a subpoena on the grounds that the grand jury lacked probable cause. Generally, an indictment can be founded on hearsay evidence or evidence obtained in violation of the law.

대배심은 자신이 검토 중인 사안을 조사할 목적으로 소환장을 발부하거나 형사 절차를 개시할 수 있는 권한을 가지고 있다.

대배심은 재판에서 허용되지 않을 수 있는 증거를 고려할 수 있다. 증인이나 피고인은 대배심이 상당한 이유가 없다는 이유로 소환장에 이의를 제기할 수 없다. 일반적으로 기소는 전문증거나 법을 위반하여 얻은 증거에 근거할 수 있다.

3. 검사의 역할(Prosecutor's role)

The prosecutor serves as an advisor to the grand jury, providing legal guidance and assisting in the issuance of subpoenas for witnesses and evidence. The prosecutor is not required to present evidence that may exculpate the defendant to the grand jury.

검사는 대배심의 자문 역할을 수행하여 증인과 증거에 대한 소환장 발부를 돕고 법률적인 지원을 한다. 검사는 피고인을 면책시킬 수 있는 증거를 대배심에 제시할 필요가 없다.

4. 피고인의 권리(Defendant's rights)

The grand jury operates in a non-adversarial manner and its proceedings are conducted in secret. In this setting, the defendant does not have the right to present or confront witnesses, nor to submit evidence.

Procedural flaws within the grand jury process do not warrant dismissal unless such defects substantially influenced the grand jury's decision to issue an indictment.

The defendant, or any witness, holds the right to request the sealing of the grand jury report if they feel it contains defamatory statements against them.

대배심은 비당사자주의 방식(non-adversarial manner)으로 진행되고 그 절차는 비공개로 진행된다. 이러한 상황에서 피고인은 증인을 제시하거나 대면할 권리가 없고 증거를 제출할 권리도 없다.

대배심 절차 내의 절차적 결함은 그러한 결함이 대배심의 기소 발부 결정에 실질적인 영향을 미치지 않는 한 기각(dismiss)을 보증하지 않는다.

피고인 또는 증인은 대배심 보고서(grand jury report)에 자신에 대한 명예훼손 진술이 포함되어 있다고 생각하는 경우 대배심 보고서의 봉인을 요청할 권리가 있다.

5. 증인의 권리(Witness's rights)

A witness before a grand jury does not have the right to have their lawyer present inside the grand jury room. However, the witness may request permission to consult with their attorney outside the jury room before responding to a grand jury question. The failure by a prosecutor to give a Miranda warning to a witness who subsequently provides false testimony to a grand jury does not bar the prosecution of that witness for perjury.

대배심에서의 증인은 변호사를 대배심실 안에 들일 권리가 없다. 하지만 증인은 대배심의 질문에 답변하기 전에 배심원실 밖에서 자신의 변호사와 상담할 수 있는 허가를 요청할 수 있다. 검사가 대배심에 거짓 증언을 한 증인에게 미란다 경고를 하지 않는다고 해서 그 증인을 위증죄(perjury)로 기소할 수 없는 것은 아니다.

VI | 재판(Trial)

A 배심원 재판(Jury Trial)

In the federal system, the right to a jury trial is guaranteed by the Sixth Amendment. Under the Fourteenth Amendment, states are required to provide jury trials in criminal cases that are considered only serious offenses. However, states have significant discretion in defining the procedures and specifics of how juries are utilized.

There is a constitutional right to a jury trial for serious offenses, which are those offenses that carry an authorized sentence of more than six months of imprisonment, regardless of the actual sentence imposed.

A defendant may waive the right to a jury trial and choose instead a trial by a judge, which is referred to as a "bench trial." This waiver must be made freely and intelligently. However, the defendant does not have an absolute right to a bench trial. Either the court or the prosecution may compel the defendant to submit to a jury trial, unless the defendant would be denied a fair trial.

If a jury consists of fewer than six members, this situation violates the principles of due process. Additionally, in the case of a six-member jury, the verdict must be unanimous to meet constitutional standards. When a jury comprises seven or more members, unanimity in the verdict is not a necessity, and there is no strict rule as to the precise number of votes necessary for a conviction.

연방 차원에서는 수정헌법 제6조에 의해 배심원 재판을 받을 권리가 보장된다.

수정헌법 제14조에 따라 주 정부는 중대 범죄인 형사사건에서는 배심원 재판을 제공해야 한다. 다만 주 정부는 배심원 재판이 어떻게 활용되는지에 대한 절차와 세부사항을 규정하는 데 많은 재량권을 가진다.

실제 부과된 형량과 상관없이 징역 6개월 초과의 형량을 지닌 범죄인 중대 범죄에 대한 배심재판을 받을 헌법상 권리가 있다.

피고인은 배심재판을 받을 권리를 포기하고 대신 판사에 의한 재판을 선택할 수 있는데, 이것을 법관에 의한 재판(bench trial)이라고 한다. 이 포기는 자유롭고 알면서 이루어져야 한다. 그러나 피고인이 절대적으로 법관에 의한 재판을 받을 권리가 있는 것은 아니다. 법원이나 검찰은 피고인이 공정한 재판을 거부당하지 않는 한 피고인에게 배심원 재판을 하도록 강제할 수 있다.

배심원이 6명 미만으로 구성될 경우 이는 적법절차의 원칙에 위배된다. 또 6명으로 구성된 배심원의 경우 평결은 만장일치로 이루어져야 한다. 배심원이 7명 이상으로 구성될 경우 평결에 만장일치가 필요하지는 않으나 평결에 필요한 정확한 득표수에 대해서는 엄격한 규정이 없다.

B 유죄인정(Guilty Pleas)

1. 소개

A guilty plea involves the defendant's admission of the facts laid out in the legal document that charges them with a crime, such as an indictment or information. Since a guilty plea serves as both a confession and a waiver of numerous constitutional rights, it must be intelligent and voluntary.

The judge is required to speak directly to the defendant (not through the defendant's attorney) and ensure that the following points are covered and documented on record:

1) The nature of the charges;
2) The consequences of the plea, including both the maximum and minimum possible sentences, possible impacts on immigration status; and
3) The rights the defendant waives by pleading guilty, such as the right to a trial.

유죄인정은 피고인이 공소장이나 검사의 기소 등의 범죄사실이 기재된 법률 문서에 기재한 사실을 인정하는 것을 말한다. 유죄인정은 자백과 함께 수많은 헌법상 권리를 포기하는 것이기 때문에 피고인이 알면서 자발적으로 하여야 하는 것이다.

판사는 (피고인 측 변호인을 통해서가 아니라) 다음의 사항을 피고인에게 직접 알려주어야 하며, 다음 사항이 기록되어야 한다.

1) 범죄
2) 유죄인정의 결과, 예를 들어 가능한 최대 형량과 최소 형량, 유죄인정의 결과가 이민 지위에 미칠 수 있는 영향
3) 피고인이 유죄를 인정하여 포기하는 권리, 예를 들면 재판을 받을 권리

2. 유죄협상(Plea Bargain)

A plea bargain between the prosecutor and the defendant is treated as a contract. This deal can relate to the charged crimes faced by the defendant, such as a prosecutor's commitment to dismiss certain charges in return for the defendant agreeing to plead guilty to other offenses, or it can concern the sentence of the defendant, such as a prosecutor's promise to suggest a specific sentence in return for the defendant's plea of guilty.

When a plea bargain is made, the agreement binds both the defendant and the prosecutor, but not the judge. If the judge finds the agreement unacceptable, he has the authority to reject the plea.

When a defendant's plea is made in reaction to the prosecutor's threat to file more severe charges, it doesn't breach the Due Process Clause's safeguard against prosecutorial vindictiveness if the prosecution has probable cause to believe the defendant committed the offenses.

검사와 피고인 사이의 유죄협상은 계약으로 간주된다. 이 협상은 피고인이 다른 범죄에 대해 유죄를 인정하기로 동의한 대가로 특정 혐의를 기각하겠다는 검사의 약속과 같은 피고인이 직면한 공소 범죄에 관한 것일 수도 있고, 피고인의 유죄 답변에 대한 대가로 특정 형량을 제시하겠다는 검사의 약속과 같은 피고인의 형량에 관한 것일 수도 있다.

유죄협상이 이루어질 때, 그 합의는 피고인과 검사를 모두 구속하지만 판사는 구속하지 않는다. 판사는 그 합의를 받아들일 수 없다고 판단되면 유죄인정을 거절할 권한이 있다.

피고인의 유죄인정이 검사의 보다 엄중한 혐의 적용 위협에 대응하여 이루어진 경우, 검찰이 피고인이 범죄를 저질렀다고 믿을 만한 상당한 이유가 있는 경우에는 적법절차 조항상의 검찰의 보복성 보호조치에 위반되지 아니한다.

3. 유죄인정 효과(Effect of the Plea)

Typically, by pleading guilty, a defendant waives his various constitutional rights, including the rights to a trial, privilege against self-incrimination, and the right to confront his accusers.

However, if the plea wasn't made knowingly and voluntarily, a defendant can challenge it on due process grounds. Furthermore, a guilty plea can be challenged if it resulted from ineffective legal counsel or if the court lacked jurisdiction.

일반적으로 피고인은 유죄를 인정함으로써 재판을 받을 권리, 자기 부죄에 대한 특권, 그리고 고소인과 대면할 권리를 포함한 다양한 헌법적 권리를 포기하게 된다.

그러나 알면서 자발적으로 유죄인정이 이루어지지 않았다면 피고인은 적법한 절차에 따라 이의를 제기할 수 있다. 또한 변호인의 조력을 제대로 받지 못하였거나 법원이 관할권이 없는 경우에는 유죄인정에 대한 이의를 제기할 수 있다.

C 대면권(Right to Confrontation)

Under the Sixth and Fourteenth Amendments, the defendant has the right to directly confront opposing witnesses, to cross-examine these witnesses.

This right not only permits the defendant to challenge the testimony of adverse witnesses through cross-examination but also enables the defendant to observe the behavior and demeanor of these witnesses.

This right is designed to provide defendants with a fair opportunity to challenge the evidence presented against them, primarily through the cross-examination of witnesses.

수정헌법 제6조와 수정헌법 제14조에 따라 피고인은 상대 증인을 직접 대면하고, 이 증인들을 반대신문할 권리가 있다.

이 권리는 피고인이 반대신문을 통해 불리한 증인들의 증언에 이의를 제기할 수 있도록 할 뿐만 아니라 피고인이 이러한 증인들의 행동과 태도를 관찰할 수 있도록 한다.

이 권리는 주로 증인에 대한 반대신문을 통해 피고인이 자신에게 제시된 증거에 이의를 제기할 수 있는 공정한 기회를 제공하기 위한 것이다.

VII | 재판 후 고려사항(Post-Trial Considerations)

A 이중위험금지(Double Jeopardy)

1. 소개

The Fifth Amendment's Double Jeopardy Clause protects against:

1) Being prosecuted again for the same offense after being acquitted;
2) Being prosecuted again for the same offense after being convicted;
3) Receiving multiple punishments for the same offense.

수정헌법 제5조의 이중위험금지 조항은 다음의 사항을 금지한다.

1) 무죄판결을 받은 후 같은 죄로 다시 기소되는 것
2) 유죄판결을 받은 후 같은 죄로 다시 기소되는 것
3) 동일한 범죄에 대하여 복수의 처벌을 받는 것

2. 위험발생(Attachment of Jeopardy)

Double jeopardy protection begins once jeopardy attaches. For jury trials, this is when the jury is sworn in. For bench trials, it occurs when the first witness takes the oath.

이중위험금지는 일단 위험이 발생해야 적용된다. 배심원 재판의 경우 배심원이 선서를 하는 시점이 위험이 발생하는 시점이고, 법관에 의한 재판인 경우에는 첫 증인이 선서를 할 때 발생한다.

3. 동일한 범죄(Same offense)

When a defendant may be prosecuted as multiple crimes, the Blockburger test[15)] is used to determine if the charges are for the same offense for double jeopardy purposes.

According to this test, each crime must require proving an element that the other does not for each to be considered as a separate offense.

피고인이 여러 범죄로 기소되는 경우, Blockburger test를 사용하여 범죄가 이중위험금지 목적에 비추어 동일한 범죄에 해당하는지 여부를 결정하게 된다.

이 테스트에 따르면 각 범죄는 다른 범죄가 갖고 있지 않는 구성요건을 갖는 것을 요구한다.

예 피고인이 편의점으로 들어가 강도를 하고 점원을 총으로 살해한 사건에서 검사는 피고인을 살인죄(murder)로 기소하였다. 피고인은 살인죄에 대해 무죄가 되어 풀려났다. 검사는 이후 피고인을 강도죄(robbery)로 기소하였다. 강도죄와 살인죄는 각각 서로 갖고 있지 않은 요건을 갖고 있다. 즉 강도죄는 여러 요건 중에서 피해자의 물건을 가져가야 한다는 요건이 있고, 살인죄는 여러 요건 중에서 피해자를 살인해야 한다는 요건이 있다. 따라서 살인죄와 강도죄는 서로 다른 요건을 가지고 있으므로 동일한 범죄가 되지 않아 이중위험금지에 위반되지 않는다.

When jeopardy has attached with respect to a lesser included offense before the necessary event to establish the greater offense occurs, the defendant may be subsequently tried for the greater offense.

더 중한 범죄를 성립시키기 위하여 필요한 사건이 발생하기 전에 덜 중한 범죄로 기소를 당하고 재판을 받은 경우, 피고인은 그 후 더 중한 범죄에 관하여 재판을 받을 수 있다.

15) Blockburger v. United States, 284 U.S. 299 (1932)

예 피해자를 폭행한 피고인이 폭행죄(battery)로 기소되어 재판을 받고, 그 후 피고인의 폭행으로 피해자가 결국 사망한 경우, 피고인은 이중위험금지 위반 없이 살인죄(murder)로 기소될 수 있다.

4. 이중위험금지 예외(Exceptions to double jeopardy)

Exceptions to the double jeopardy rule allow for the retrial of a defendant under certain conditions:

1) Deadlocked Jury

A state can retry a defendant if the initial trial ends with a hung jury, meaning the jury couldn't reach a unanimous verdict. If the state requires unanimity for convictions, then all jurors must agree for a verdict to stand.

2) Mistrial for Manifest Necessity

A mistrial that arises not from grounds that would be considered an acquittal of the defendant. This can happen if the trial is terminated due to unforeseen circumstances, like the defendant falling ill with appendicitis during the trial. Such a mistrial allows for a retrial once the issue has been resolved.

3) Breach of an Agreed-Upon Plea Bargain by the Defendant

If a defendant breaches the terms of a plea agreement, such as failing to fulfill a promise to testify in another case, the plea and sentence may be vacated. The original charges can then be reinstated, allowing the state to retry the defendant as if the plea bargain had never been made.

These exceptions are designed to balance the protection against being tried for the same offense more than once with the interests of justice, allowing retrials under circumstances where the trial could not be completed or was concluded improperly.

일정한 상황에서 이중위험금지의 예외가 있는데 그 예외는 다음과 같다.

1) 교착 상태의 배심원단(deadlocked jury)

만일 첫번째 재판에서 배심원들이 만장일치로 평결을 내리지 못하는 합의에 이르지 못한 배심원단(hung jury)이 되면, 검사는 피고인을 다시 기소하여 재판할 수 있다. 유죄판결을 위해 배심원의 만장일치를 요구되는 경우 평결이 내려지려면 모든 배심원들이 동의해야 하는 상황이기 때문에 교착 상태의 배심원단이 될 수 있다.

2) 명백한 필요로 재판이 종료된 경우(mistrial for manifest necessity)

피고인에 대한 무죄 판결에 해당한다고 볼 만한 사유가 아닌 다른 이유로 인하여 재판이 종료된 경우이다. 피고인이 재판 중 맹장염에 걸려 재판을 진행할 수 없는 등 예기치 못한 사정으로 재판이 종료되는 경우에 발생할 수 있다. 일단 해당 사안이 해결되면 다시 해당 사건이 진행될 수 있다.

3) 피고인의 유죄협상 위반(breach of an agreed plea bargain by the defendant)

피고인이 다른 사건에서 증언 약속을 이행하지 않는 등 유죄협상으로 합의한 사항을 위반한 경우에는 유죄협상에 따른 유죄인정과 형을 취소될 수 있다. 그러면 원래의 공소사실이 회복될 수 있고, 검사는 마치 유죄협상이 이루어지지 않은 것처럼 피고인에 대한 재판을 다시 할 수 있다.

이러한 예외들은 동일한 범죄에 대하여 한 번 이상 재판을 받지 않도록 하는 이중위험금지의 보호와 정의의 이익의 균형을 맞추기 위한 것으로 재판이 완료될 수 없거나 부적절하게 종결된 상황에서 가능한 것이다.

5. 이중주권원칙(Dual-sovereignty doctrine)

The dual-sovereignty doctrine allows for the prosecution of the same act as a crime under the laws of separate sovereign entities without violating the Double Jeopardy Clause. Therefore, an individual can face legal action for the same conduct in both federal and state courts. This principle acknowledges the independent authority of federal and state governments to enforce their own laws, even if those laws pertain to similar or the same offenses. Additionally, different states can prosecute the same individual for actions that violate each of their laws.

However, within a single sovereignty, such as a state, its subdivisions (like cities or municipalities) cannot prosecute an individual for the same conduct if one has already done so.

이중주권원칙은 이중위험금지 조항에 위배되지 않고 별개의 주권주체의 법률에 따라 동일행위를 범죄로 기소할 수 있도록 하고 있다. 따라서 개인은 연방법원과 주 법원 모두에서 동일행위에 대해 법적 조치를 당할 수 있다. 이 원칙은 그 법률이 유사하거나 동일한 범죄에 해당하더라도 연방정부와 주 정부가 독자적인 법률을 집행할 수 있는 독립적인 권한을 갖고 있다는 것을 인정하는 것이다. 또한 각 주마다 동일한 개인을 자신의 주 법률을 위반한 행위로 기소할 수 있다.

그러나 동일한 주 내에서 시(city)와 같은 하위 구역은 개인이 이미 동일한 행위로 처벌받은 경우 동일한 행위로 다시 기소할 수 없는 것으로 본다.

B 항소(Appeal)

The Constitution does not explicitly grant individuals the right to appeal, yet appeals are a standard practice within the U.S. legal system. During the appellate process, individuals retain certain rights, including equal protection and the right to counsel. However, if an attorney deems an appeal to be frivolous, he may choose to withdraw from the case, provided the appellant's right to counsel remains intact. There is no constitutional right to self-representation during an appeal.

헌법은 개인에게 항소할 권리를 명시적으로 부여하지 않지만 항소는 미국 법 체계 내에서 일반적으로 인정된다. 항소 과정에서 개인은 평등권과 변호인 조력권 포함한 권리들을 갖는다. 그러나 변호사가 항소가 이유가 없다(frivolous)고 판단되는 경우 항소인의 법조인 조력권이 보호되는 한 소송에서 사임할 수 있다. 항소 단계에서는 헌법적으로 자기 대리권이 없다.

Criminal Law & Procedure
미국 형법 및 형사소송법

초 판 인 쇄 2024년 3월 27일
초 판 발 행 2024년 4월 3일

저 자 강병진 미국 뉴욕주 변호사

발 행 인 이수형
발 행 처 (주)법률신문사
출 판 등 록 1980.4.22 제6-46호
주 소 서울특별시 서초구 서초대로 396, 1402호
대 표 전 화 02-3472-0602~5
팩 스 02-3472-0606
홈 페 이 지 www.lawtimes.co.kr

I S B N 979-11-5919-025-4(93360)
정 가 25,000원